Nick Arnold

Ein Knaller, die Chemie!

Übersetzt aus dem Englischen
von Anne Emmert

Illustrationen von Tony De Saulles

Loewe

Die Deutsche Bibliothek – CIP-Einheitsaufnahme

Ein *Knaller, die Chemie!* / Nick Arnold. Ill. von Tony De Saulles.
Übers. aus dem Engl. von Anne Emmert.
– 1. Aufl. – Bindlach : Loewe, 1998
(Wahnsinnswissen)
Einheitssacht.: Chemical chaos <dt.>
ISBN 3-7855-3202-4

.

Dieses Papier wurde auf chlorfrei gebleichtem Papier gedruckt.

ISBN 3-7855-3202-4 – 1. Auflage 1998
Titel der Originalausgabe: Horrible Science/Chemical Chaos
Text copyright Nick Arnold, 1997
Illustrationen Tony De Saulles, 1997
Originalausgabe veröffentlicht 1997 von Scholastic Publications Ltd
© für die deutsche Ausgabe Loewe Verlag GmbH, Bindlach 1998
Umschlaggestaltung: Pro Design, Klaus Kögler
Satz: DTP im Verlag
Gesamtherstellung: Wiener Verlag
Printed in Austria

Inhalt

Hab ich doch glatt die Handschuhe vergessen!

Nick Arnold schreibt schon seit seiner Jugend Geschichten und Bücher. Trotzdem hätte er es sich nie träumen lassen, dass er eines Tages mit einem Buch über die Chemie bekannt werden würde. Im Laufe seiner Nachforschungen flog er in die Luft, atmete das Helium aus Kirmesballons ein, kochte Ekel erregende Substanzen – und genoss jeden einzelnen Augenblick. Wenn er nicht gerade für *WahnsinnsWissen* forscht, unterrichtet er Erwachsene. Zu seinen Hobbys zählen Pizzaessen, Radfahren und Witzeerzählen (allerdings nicht gleichzeitig!).

Tony De Saulles griff zum Bleistift, als er noch in den Windeln lag, und kritzelt noch heute vor sich hin. Er nimmt *WahnsinnsWissen* sehr ernst und hat sich sogar bereit erklärt, einige unserer explosiven Experimente auszuprobieren. Seine Verletzungen waren zum Glück nicht allzu schwerwiegend. Wenn er nicht gerade mit dem Skizzenblock unterwegs ist, spielt Tony am liebsten Squash und schreibt Gedichte – allerdings nicht über Squash.

Einführung

Chemie lässt sich mit einem einzigen Wort zusammenfassen: „Uahh!" Sie ist der Teil der Naturwissenschaften, der mit Chemikalien und Reagenzgläsern zu tun hat. Chemie ist der wahnsinnigste Teil des WahnsinnsWissens.

Warum sie so wahnsinnig ist? Na ja, für Einsteiger sind da schon mal die chaotisch klingenden chemischen Namen. Nimm zum Beispiel Polyäthylenterephthalat. Das ist das Polyester, aus dem dein Pullover besteht, falls du das noch nicht wusstest.

Solche langen Wörter kommen vorwiegend aus dem Lateinischen und dem Griechischen. Gut für die alten Römer – aber schrecklich verwirrend für den Rest der Welt. Für den ist die Chemie total chaotisch, wenn sich Chemiker in ihrer chaotischen Geheimsprache unterhalten.

Übersetzung:
1. Das Wasser kocht noch nicht.
2. Gibst du mir den Zucker?
3. Die Milch ist sauer!
Auch die Gehirnwindungen der Chemiker sind ziemlich chaotisch. Wie sonst kommen sie dazu, durchgeweichte Cornflakes zu untersuchen? (Allerdings haben sie verkündet, dass Cornflakes mit mehr als 18 % Milchgehalt zu glitschig sind für eine Untersuchung.)

Doch so komisch es klingt – genau um solche Sachen geht's in diesem Buch. Nicht um die Dinge, die du in der Schule lernst, sondern um die faszinierenden Sachen, die dich wirklich interessieren ... scheußliche, brodelnde, grüne Mixturen, widerliches, giftiges Gebräu, explosive Knalleffekte – oder auch durchgeweichte Cornflakes!

Doch dieses Buch wird dir vielleicht auch die eine oder andere Verwirrung in der Chemie aufdröseln. Am Ende stürzt du womöglich sogar deinen Lehrer in Verwirrung, wenn dir plötzlich deine Versuche gelingen …

Chaotische Chemiker

Chemiker sind kauzige Chaoten. Am Anfang waren ihre Kenntnisse noch ziemlich chaotisch und ihre fehlgeschlagenen Versuche auch. Die ersten Chemiker nannte man Alchemisten – und die waren noch chaotischer. Und noch kauziger.

Stell dir eine besonders langweilige Chemiestunde vor. Du bist se-e-ehr müde. Plötzlich findest du dich in einem geheimnisvollen Raum wieder. Du siehst einen alten Mann, der in einem Buch liest. Um ihn herum stehen eigenartig geformte Fläschchen, Kerzenstümpfe und schmutzige Bechergläser. Der Tisch ist voller Tintenfässchen, schmuddeliger Federkiele, öliger Lumpen und verstaubter Bücher mit uralten Geheimrezepten. Im schummrigen Chaos schimmern endlose Reihen von Flaschen, jede mit einem unheimlichen Zaubertrank gefüllt. Auf dem Boden liegen die von den Ratten angefressenen Reste diverser Mahlzeiten. Der alte Mann kichert vor sich hin. Dann krächzt er mit dünner Stimme einen Zauberspruch …

Bärentatze,
Ohr der Kuh,
Schwanz der
Katze,
Fußballschuh!

Verwirrt? Keine Angst, es handelt sich nicht um deinen Chemielehrer. Du hast dich gerade 500 Jahre zurückversetzt und deinen Dorfalchemisten getroffen.

8

Absonderliche Alchemisten

Soweit man weiß, entstand die Alchemie im alten Griechenland und in China. Sie ist ein Sammelsurium aus chemischem Wissen, Magie und einer Philosophie der verschiedenen Formen, die Stoffe annehmen können. Eine praktische Aufgabe der Alchemisten bestand darin, herauszufinden, wie man billige Metalle in Gold verwandeln kann. Hier ist eins der eher ungewöhnlichen Rezepte.

Geheimrezept für echtes Gold

1. Nimm etwas Alaun (ein Verbindung aus Aluminium, Kalium, Schwefel und Sauerstoff).

2. Füge etwas Kohlenstaub, Pyrit (Eisenkies) und einige Tropfen Quecksilber (die giftige Flüssigkeit in alten Thermometern) hinzu.

3. Gut umrühren.

4. Gib 30 g Zimt (würzige Rinde des Zimtbaums) und sechs Eigelb hinzu.
Weiter rühren, bis die Masse am Löffel klebt.

5. Füge einen kräftigen Schlag frischen Pferdemists hinzu. Rühre weiter.

6. Mische schließlich etwas Salmiaksalz unter. (Das ist eine giftige Verbindung aus Ammoniak und Chlor, die in Vulkanen vorkommt.)

7. Backe die Masse sechs Stunden lang im Ofen. Das Ergebnis ist reines Gold. Wenn du Glück hast.

Lieber Leser, mach dir nicht die Mühe, es auszuprobieren.
Es funktioniert nicht – ehrlich!

Zwar machten sich manche Leute über die Alchemie lustig; dennoch war sie groß in Mode. Man sagt, der britische König Karl II. vergiftete sich mit dem Quecksilber, das er für seine Versuche verwendete. Isaac Newton experimentierte auch mit dieser Substanz und war zwei Jahre lang unzurechnungsfähig.

Schon gewusst?
Ein berühmter Alchemist war der arabische Schriftsteller Geber (8. Jh. n. Chr.). Tja, der alte Geber hatte zwar eine Menge guter Einfälle, aber er war ein miserabler Schriftsteller. Seine einschläfernden Experimentierbücher sind Prototypen des öden Wissenschaftsschinkens, der bis heute die Regel ist und Leser zu Tode langweilt.

Und hier ist noch ein Alchemistentrick, den du nicht ausprobieren solltest.

Wie man eine Flüssigkeit erwärmt
Packe das Gefäß mit der Flüssigkeit in Pferdemist ein. Bestimmte Keime im Mist bewirken chemische Reaktionen, die Wärme erzeugen. Das funktioniert wirklich. Aber wenn du deinen Kakao warm halten willst, nimm lieber eine Thermosflasche – die riecht nicht so aufdringlich!

Einfach goldig, Mr. Rutherford!

Trotz zahlreicher Fehlschläge gaben die Alchemisten nicht auf. Sie glaubten, der „Stein der Weisen" könne minderwertige Metalle in Gold verwandeln. Keiner wusste, wie dieser Stein genau aussah oder wo man ihn finden konnte. Doch die Alchemisten waren überzeugt, dass wer auch immer den Stein fand, ewig leben würde. Natürlich kam keiner drauf. Bis vor nicht allzu langer Zeit …

Im Jahr 1911 fand der Neuseeländer Ernest Rutherford (1871–1937) heraus, wie man Metalle in Gold verwandeln kann. Seine Erkenntnisse hingen mit den Atomen der Metalle zusammen, den kleinsten Bestandteilen, aus denen sich alle Stoffe zusammensetzen. Um Gold herzustellen muss man die Atome mit Strahlen beschießen und Atomteile abspalten. Durch die Veränderung der Atome verändern sich auch die Metalle, die aus ihnen bestehen.

Doch für Nachwuchs-Alchemisten hatte Rutherford schlechte Nachrichten:

1. Atome sind so klein, dass man leicht danebenschießt.

2. Am leichtesten lässt sich Platin in Gold verwandeln. Doch Platin ist wertvoller als Gold!

3. Wenn du wirklich etwas für Gold übrig hast, kauf es lieber beim Juwelier.

Die ersten chaotischen Chemiker

Um 1700 begannen sich Forscher aus anderen Gründen für chemische Stoffe zu interessieren als die Alchemisten. Diese Forscher nannten sich „Chemiker". (Das „Al" bedeutet im Arabischen ohnehin nur „der".) Dennoch hielten viele

Leute die Chemie für absonderlich. Justus von Liebig (1803–1873) wurde in der Schule gefragt, was er denn einmal werden wolle. Er antwortete: „Chemiker", worauf …

... die ganze Klasse in hemmungsloses Gelächter ausbrach. Keiner glaubte, dass man Chemie studieren kann.

Ein Mann hatte besonders viel Anteil daran, dass die Leute ihre Meinung änderten. Er hieß Antoine Lavoisier (1743–1794). Manche bezeichneten ihn sogar als „Vater der modernen Chemie". Doch im Jahr 1789 wurde ganz Frankreich von der Revolution erfasst und auch Lavoisier wurde Opfer einer gewaltigen Verhaftungswelle.

Der Volksfeind!
Es war eine Zeit des Terrors, doch niemand wagte dieses Wort auszusprechen. Niemand war vor einer Verhaftung sicher. Auf dem Platz der Revolution fanden tagtäglich Hinrichtungen statt – ein Leckerbissen für die alten Frauen, die in der Frühlingssonne saßen und strickten.

Gnade!

Warum glauben sie, es sei eine Gnade?

„Geben Sie mir diese Akte", bat der öffentliche Ankläger des Revolutionstribunals seinen neu ernannten Sekretär. „Die über den Bürger Lavoisier."

Hastig durchsuchte der junge Mann seinen Schreibtisch. Es war unklug, den Ankläger warten zu lassen. Der Ankläger Antoine Fouquier-Tinville war stets in Eile.

„Danke", sagte der Ankläger und überflog die Unterlagen. „Aha, Antoine Lavoisier, Steuereintreiber …"

„Auch großer Wissenschaftler …", warf der Sekretär ein.

„WER wagt es, das zu sagen!", schrie der Ankläger.

Der Sekretär ließ Federkiel und Papiere sinken, das Tintenfass fiel um. „Das meinte ich nicht!", stammelte er. „Ich wollte sagen, Lavoisier ist ein großer Verräter!"

„Nun", sagte der Ankläger, „dann sehen wir mal nach, was in der Akte steht." Er begann das Dokument mit der gleichen scharfen Stimme vorzulesen, mit der er die Angeklagten vor Gericht einschüchterte.

„Antoine Lavoisier. Geboren 1743, aufgewachsen bei Tante, Vater und Großmutter … Hmm – in der Schule war er ein Streber. Ein Jahr lang paukte er nur Naturwissenschaften und Mathematik. Pah! Zwei Jahre lang nur Philosophie. Pah! Pah! Verfasste seine erste wissenschaftliche Abhandlung im Alter von zehn Jahren – kleiner Streber! Fand später heraus, dass Gips Wasser enthält und Mineralwasser kleine Salzteilchen. Seehr nützlich – ha, ha!"

„Ich … ich weiß", hüstelte der Sekretär, „dass Lavoisier ein Verräter ist … Aber … er fand auch heraus, dass Was-

13

ser Wasserstoff und Sauerstoff enthält. Dann entdeckte er Gase in der Luft. Und er kam darauf, dass man Stoffe nicht zerstören kann, sondern nur verändern und außerdem …" „Genug, du Dummkopf!", keifte der Ankläger. „Denkst du, ich brauche eine Chemielektion? Aha, hier kommen die pikanten Einzelheiten. Im Jahr 1768 wurde der Bürger Lavoisier Steuereintreiber. Einer seiner Freunde sagte: ‚In Zukunft wird er uns öfter mal zum Souper einladen können!' Alle Steuereintreiber sind Volksfeinde. Dank der Revolution sitzen sie jetzt im Gefängnis."

Der Ankläger grinste. „Mal sehen, ob sie ihre Soupers auch ohne Kopf auskosten können!" Er fuhr sich mit dem Zeigefinger quer über die Kehle und röchelte dazu.

„Gestatten Sie – ich muss einige Akten ablegen!", sagte der Sekretär und verließ fluchtartig den Raum. So verpasste er nur knapp einen dünnen Mann in grünem Mantel. Der Besucher war schlicht gekleidet und hatte weiß gepudertes Haar. Er sah wirklich nicht aus wie der mächtigste Mann Frankreichs. Doch das war er.

„Bürger Robespierre", sagte der öffentliche Ankläger mit einem falschen Lächeln. „Welch eine Freude und Ehre. Die Papiere warten auf ihre Unterschrift."

„Noch mehr Volksfeinde?", wollte Robespierre wissen. Er setzte sich hin und studierte die Unterlagen. „Lavoisier. Ja, ich erinnere mich. Zuerst unterstützte er die Revolution. Half uns bei den neuen metrischen Gewichten. Vor der Revolution leistete er gute Arbeit für Frankreich, als Leiter von Schießpulverfabriken. Es wäre ein großer Verlust."

Der Ankläger runzelte die Stirn. Er war sich nicht sicher, ob Robespierre nur seine Ergebenheit testen wollte, und antwortete nervös: „Unser Revolutionsheld Marat bezeichnete Lavoisier in seinen Zeitungsartikeln als Verräter."

„Ja, ich weiß", sagte Robespierre. „Aber Marat ist ein gescheiterter Wissenschaftler und Lavoisier war so unhöflich, ihm das zu sagen. Deshalb hasst Marat ihn so sehr."

„Aha. Sie meinen, wir sollten Lavoisier schonen?"

14

Robespierre lächelte kalt und starrte aus dem Fenster. Den Federkiel hielt er in der Hand wie einen Dolch.

Antoine Lavoisiers Prozess begann am 8. Mai 1794. Nach sechs Monaten Gefängnis sah der Wissenschaftler blass und müde aus. Er bat darum, ein wichtiges Experiment beenden zu dürfen. Hat Robespierre ihn begnadigt? Was denkst du, wie lautete das Urteil?

a) SCHULDIG. Der Richter sagte: „Die Republik braucht keine Wissenschaftler!", und Lavoisier wurde noch am gleichen Nachmittag enthauptet.

b) NICHT SCHULDIG. Der Richter sagte: „Die Republik sollte das Leben eines so großen Wissenschaftlers schonen."

c) SCHULDIG. Der Richter sagte: „Doch wir geben Ihnen noch einen Monat um den Versuch zu vollenden."

Antwort: a) Einer von Lavoisiers Freunden sagte: „Ihm den Kopf abzutrennen dauerte nur einen kurzen Moment – doch in den nächsten hundert Jahren wird es vielleicht keinen vergleichbaren geben." Zwei Monate später wurde Robespierre gestürzt und hingerichtet. Fouquier-Tinville wurde im darauf folgenden Jahr enthauptet. Und Lavoisiers Arbeit lebt weiter …

Chaotische Chemiker der Gegenwart

Heute gibt es tausende von Chemikern. Allein in den USA arbeiten über 140 000 Chemiker daran, neue Stoffe zu entdecken! Die einen suchen nach ultraleichten Metallen oder neuen Kunststoffen. Andere entwickeln neue Nahrungsmittel oder Medikamente. Und hier arbeiten sie.

Das Chemielabor

Auf den ersten Blick sehen diese Sachen ein bisschen eigenartig aus. Aber alle erfüllen sie eine Funktion.

REAGENZGLÄSER enthalten Stoffe, die erwärmt werden. (Damit man sich die Finger nicht verbrennt.)

Interessante Reaktion

Reagenzglas

Hand des Chemielehrers

Thermometer

Chemischer Stoff (Eiskrem)

Mit THERMOMETERN misst man die Temperatur der Stoffe.

Widerliche Brühe

Widerliche Brühe

Widerliche Brühe

Widerliche Brühe (Omas Tee)

BECHERGLÄSER sind für Flüssigkeiten da – sie eignen sich besser als Omas Sonntagsgeschirr!

Überschwemmung

Kolben

In einem KOLBEN lassen sich Chemikalien vermischen. Kolben sind meist kegelförmig mit flachem Boden wie der Erlenmeyerkolben links.

Trichter

Keine Überschwemmung

Mit einem TRICHTER kann man Flüssigkeiten in einen Kolben gießen, ohne sie über den ganzen Tisch zu verschütten (siehe oben).

Filterpapier

Hier falten

FILTERPAPIER: Ein Papiersieb, das feste von flüssigen Stoffen trennt. Die Flüssigkeit tropft durch, der feste Stoff bleibt drin – wie beim Kaffeekochen.

Passt in den Trichter

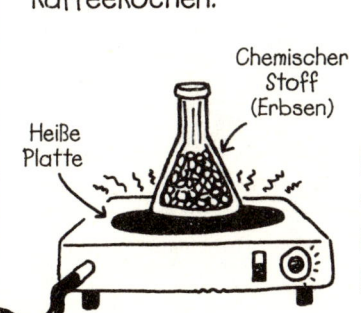

Chemischer Stoff (Erbsen)

Heiße Platte

KOCHPLATTE: Ähnlich wie die Kochplatte des Herdes. Ideal auch zum Essenkochen.

PIPETTE zum Abmessen einzelner Tropfen.

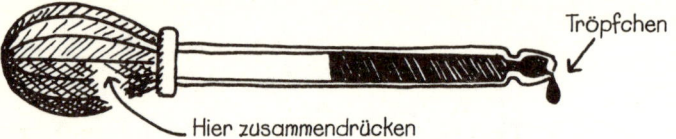

Tröpfchen

Hier zusammendrücken

Und jetzt kommt was Komplizierteres.

Der GAS-CHROMATOGRAPH
In dieser Maschine befinden
sich chemische Stoffe, die die
einzelnen Bestandteile deines
Lieblings-Mief-Gases absor-
bieren und auf diese Weise
voneinander trennen. So
erfährst du, wie sich dieser
Gestank zusammensetzt.

Das SPEKTROSKOP erlaubt es dir, einen brennenden
Stoff anhand der Farben seiner Flamme zu bestimmen.
Das ist fast
so spannend
wie ein
Sylvester-
feuerwerk.

Schon gewusst?
*Viele der langweiligen Arbeiten im Labor werden heutzu-
tage von Robotern geleistet – z. B. die Analyse von Proben. Chemie-Hausaufgaben übernehmen Roboter aber
leider noch nicht!*

Entdecke … deine eigene Geheimsubstanz

Wenn du es ganz spaßig fändest, Chemiker(in) zu sein, dann kannst du jetzt eine lächerlich einfache Entdeckung machen.

Du brauchst:
2 Teelöffel Sahne oder Remoulade (gibt's im Supermarkt)
1 Tasse Salz
2 Tassen Mehl
2 Tassen Wasser
2 Teelöffel Speiseöl

Jetzt musst du nur noch:
1. Mehl und Salz in einem großen Topf erwärmen.
2. Das Wasser hinzufügen und gut umrühren.
3. Sahne oder Remoulade dazugeben und weiterrühren.
4. Gemeinsam mit einer erwachsenen Person das Gemisch auf kleiner Flamme erwärmen und umrühren, bis die Masse eindickt. Lass sie abkühlen. Wie alle Erfinder musst du dir jetzt eine Anwendung für deine Neuentdeckung ausdenken. Deiner Fantasie sind keine Grenzen gesetzt! Hier sind ein paar dämliche Ideen.

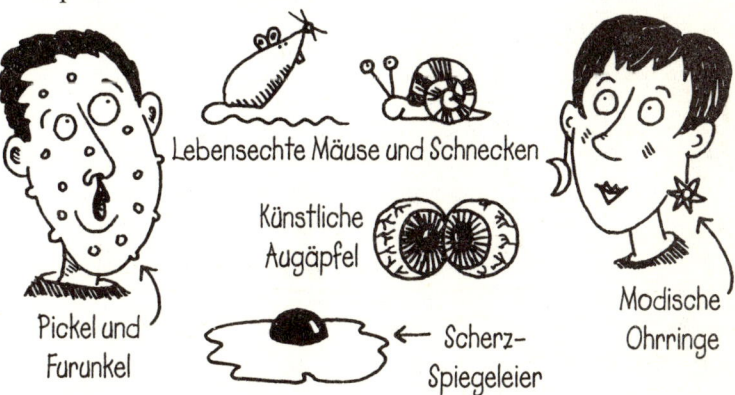

Lebensechte Mäuse und Schnecken

Künstliche Augäpfel

Pickel und Furunkel

Scherz-Spiegeleier

Modische Ohrringe

Und schließlich musst du einen Namen für den neuen Stoff austüfteln … Irgendwelche Vorschläge?

19

Chemiker-Chinesisch

Finden es Chemiker eigentlich besonders witzig, sich Namen wie Polyvinylchlorid auszudenken? Was meinst du – wovon ist hier die Rede?

Antwort: Von etwas so Simplem wie Frischhaltefolie.

Was Namen verraten

Wie also kommen die Wissenschaftler auf die Namen ihrer neu entdeckten Stoffe? Müssen die denn so lang und kompliziert sein?

1. Im Jahr 1787 schlug Lavoisier vor, dass sich die Chemiker auf einheitliche Bezeichnungen einigen sollten. Davor dachte sich jeder Wissenschaftler die geheimnisvollen Namen selber aus. Noch heute klingen die chemischen Bezeichnungen ziemlich rätselhaft, aber du kannst sicher sein, dass dein Chemielehrer sie nicht erfunden hat.

2. Der schwedische Wissenschaftler Jöns Jakob Berzelius (1779–1848) hatte die Idee, für jedes Atom einen Buchstaben zu verwenden: N für Natrium oder S für Schwefel – simpel, oder?

3. Ein zweiter Geistesblitz des Schweden war der Vorschlag, mit Ziffern die Anzahl der Atome in einem Stoff anzugeben. H_2 bedeutet also „zwei Wasserstoffatome". Genial, was?

4. Wenn sich zwei oder mehr Atome miteinander verbinden, dann spricht man von einem Molekül. H_2O ist ein Molekül aus zwei Wasserstoffatomen und einem Sauerstoffatom.

5. Im Klartext: H_2O ist die chemische Bezeichnung für nichts anderes als unser einfaches, gutes altes Wasser.

Jede und jeder kann ein Chemiker sein. Vielleicht bist du sogar einer ohne es zu wissen! Falls du das unwahrscheinlich findest – dann denk mal nach: Immer wenn du wäschst oder kochst, bedienst du dich der Chemie. Gib zu – das haut dich um, oder?

Ich benötige ein Instrument, mit dessen Hilfe ich die Moleküle verschiedener Stoffe miteinander vermischen kann.

Holzlöffel

Chaotische Küchenchemie

Was hat Kochen mit Chemie zu tun? Sehr viel sogar – es ist in der Tat völlig unmöglich, ohne Chemie zu kochen. Um nichts anderes geht es beim Kochen in der Tat – beim dubiosen Kantinenessen genauso wie bei den schauderhaften Reaktionen, die ablaufen, wenn Omas Grießpudding am Teller kleben bleibt.

Kleiner Kurzführer der Küchenchemie

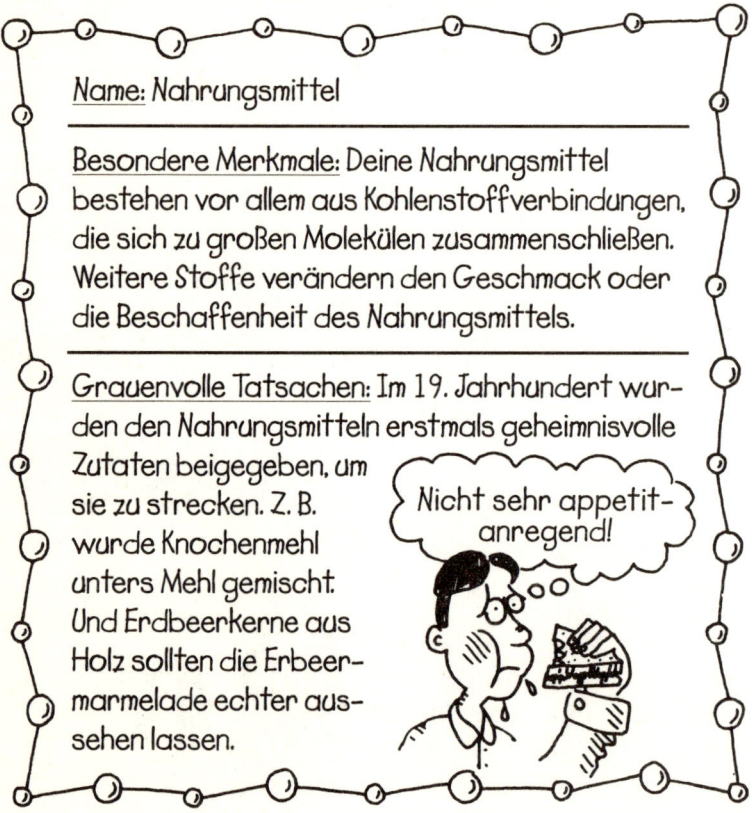

Name: Nahrungsmittel

Besondere Merkmale: Deine Nahrungsmittel bestehen vor allem aus Kohlenstoffverbindungen, die sich zu großen Molekülen zusammenschließen. Weitere Stoffe verändern den Geschmack oder die Beschaffenheit des Nahrungsmittels.

Grauenvolle Tatsachen: Im 19. Jahrhundert wurden den Nahrungsmitteln erstmals geheimnisvolle Zutaten beigegeben, um sie zu strecken. Z. B. wurde Knochenmehl unters Mehl gemischt. Und Erdbeerkerne aus Holz sollten die Erbeermarmelade echter aussehen lassen.

Nicht sehr appetitanregend!

Chemielabor in der Küche

Es klingt vielleicht komisch, aber deine Küche ist eine Art Laboratorium.

Einige Gerätschaften in deiner Küche haben eine erstaunliche Ähnlichkeit mit den Instrumenten, die die Wissenschaftler verwenden.

Schnellkochtopf

In so einem Topf kann das Wasser bei einer höheren Temperatur kochen als gewöhnlich. Dadurch wird das Essen schneller gar. Er ähnelt dem Apparat, mit dem man wissenschaftliche Instrumente sterilisiert (Keime abtötet).

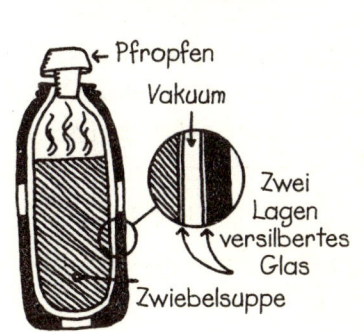

Thermosflasche

Eine praktische Sache um deine Suppe warm oder dein Getränk kühl zu halten. Im Jahr 1892 entwickelte Sir James Dewar den doppelwandigen Behälter um seine Chemikalien zu kühlen.

Herd
Auf dem Herd erwärmen wir die Nahrungsmittel um chemische Reaktionen auszulösen. Normalerweise nennen wir diesen Vorgang Kochen.

Hier sind ein paar faszinierende Fakten zum Thema Nahrungsmittel, mit denen du angeben kannst.

Sechs gut gemixte Lebensmittel-Fakten
1. Das Brennen, das du beim Verzehr einer Chilischote im ganzen Mund verspürst, wird von einem Stoff namens Capsaicin hervorgerufen. Laut Experten hilft gegen ein solches Brennen eine große Portion Eiskrem. Das zischt!

2. Der Himbeerduft im Jogurt geht meist von einem Stoff aus, der Jonon heißt. Er wird aus Veilchen gewonnen – ahh!
3. Warum geht ein Marmorkuchenteig auf, wenn er in den Backofen kommt? Er wird von einem Gas aufgebläht! Es entsteht aus dem Backpulver, das eine Säure und einen Stoff enthält, der reich an Kohlenstoff ist. Durch die Erwärmung im Ofen entsteht daraus das Gas Kohlendioxid.
4. Salatsoße ist eine Emulsion. Als Emulsion bezeichnet man jedes Gemisch aus zwei Stoffen, die sich nicht richtig miteinander verbinden. Lass die Salatsoße ein paar Stunden stehen. Es bilden sich zwei Schichten: unten eine Schicht Essig und darüber eine Schicht Öl.

5. Essig wird aus Wein oder Saft hergestellt, der scheußlich sauer geworden ist. Diese chemische Reaktion wird von Abfallprodukten bestimmter Keime ausgelöst – lecker!
6. Getoastetes Brot ist Brot, in dem der Kohlenstoff teilweise verbrannt wurde. Der Rauch, der aus dem Toaster aufsteigt, enthält winzige Kohlenstoffteilchen.

Kaffeestündchen

Wenn du mutig (oder dämlich) genug bist, klopfst du an der Lehrerzimmertür an und stellst deinem Lehrer folgende Frage:

Antwort: Es gibt einen Unterschied. Milch enthält einen Stoff namens Casein. Wenn sich der Kaffee mit der Milch vermischt, wird das Casein in Moleküle aufgespalten. Gibt man die Milch in den Kaffee, wird mehr Casein aufgespalten. Dadurch schmeckt der Kaffee nach Milch. Chemiker, die sich auskennen, gießen daher den Kaffee zur Milch und nicht umgekehrt!

25

Erstaunliche Veränderungen

Beim Kochen dreht sich im Grunde genommen alles darum, Stoffe so lange zu erhitzen, bis sie sich verändern. Pommes frites beispielsweise werden bei 190 °C frittiert, Schaumgebäck dagegen bäckt bei 70 °C. Doch wie kommen die dramatischen Veränderungen zustande?

Führe mit folgenden Fragen deine nichts ahnende Kochkurs-Leiterin in die Irre.

1. Warum macht die Milch, wenn sie kocht, urplötzlich „zisch" und brodelt über den Topfrand?

2. Der Siedepunkt von Öl ist höher als die Temperatur, die man benötigt um eine Bratpfanne einzuschmelzen. Warum kann man Nahrungsmittel trotzdem anbraten?

Antworten: 1. Milch enthält Fettröpfchen, die beim Erhitzen wie ein Teppich über der Milch liegen. Bei etwa 100 °C verwandelt sich die Milch darunter in einen Vulkan aus blubbernden Blasen. Plötzlich bricht die Fettschicht auf, und die Milch schäumt über. 2. Die Lebensmittel enthalten Wasser, das beim üblichen Siedepunkt kocht. Das Essen wird gar, weil dieses Wasser kocht – nicht weil das Öl kocht.

Doller Dünger

Auch dein Gemüse ist vor der chemischen Industrie nicht sicher. Mit einem Riesenaufgebot an Herbiziden, Insektiziden, Fungiziden und Pestiziden werden die Pflanzen während des Wachstums behandelt um Krabbeltiere und wuchernde Kräutlein zu vernichten. Und dann gibt es noch die Düngemittel, die den Pflanzen beim Wachsen helfen.

Dünger??
Doch nicht in
meinem Garten!!

Phosphor ist zwar ziemlich ungesund, aber man braucht ihn, um bestimmte Düngemittel (Phosphate) herzustellen. Ein altbewährter, natürlicher Dünger, der viel Phosphat enthält, ist der Guano. Es ist – alter Vogelmist, voll verdauter Fischknochen … O ja, Knochen sind sehr phosphatreich – und gemahlene Knochen eignen sich hervorragend für den Pflanzenbau!

Heutzutage werden Düngemittel aus Schwefelsäure und Gesteinsphosphaten hergestellt. Aber die Chemiker haben nicht bei den Düngemitteln Halt gemacht. Auch manche Lebensmittel stammen praktisch aus dem Reagenzglas.

Eine schmierige Geschichte: Margarine
Der französische Kaiser Napoleon III. schrieb einen Wettbewerb aus, um einen billigen Butterersatz für die Armen zu entwickeln.

Der Wissenschaftler Hippolyte Mége-Mouriez dachte sich: Was eine Kuh kann, kann ich besser!

1869 stellte er sein epochales Margarinerezept vor:

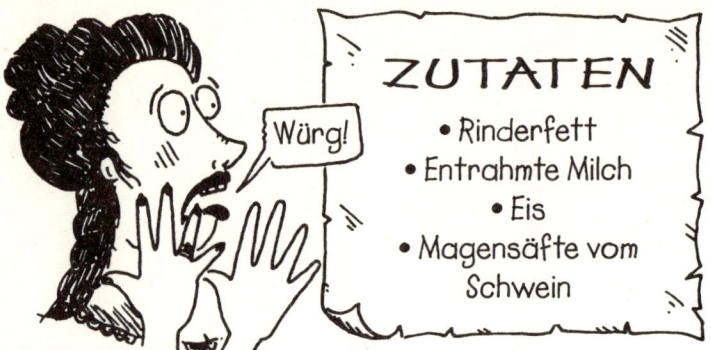

Und so wird's gemacht:

1. Erwärme das Rinderfett, bis es die Körpertemperatur einer Kuh erreicht.
2. Rühre die Magensäfte des Schweins unter.
3. Gib Wasser und Milch dazu.
4. Schütte die Mischung in ein Fass.
5. Gib Eis dazu, damit die Masse kühlt.
6. Stampfe die Masse gut zusammen.

Mouriez hoffte reich zu werden und eröffnete eine Margarinefabrik. Unglücklicherweise brach 1870 der deutschfranzösische Krieg aus und seine Fabrik musste schließen.
  Später wurde die Idee von holländischen Händlern gekauft. Bald machten sie massenhaft Margarine und Profit.

Im Jahr 1910 wurde tierisches Fett knapp, sodass man Fischöl für die Margarineherstellung nehmen musste.

Köstliche Zutaten

Auf den meisten Lebensmitteln, die du im Supermarkt kaufst, sind die Inhaltsstoffe verzeichnet. Einige klingen ziemlich eigenartig. Margarine zum Beispiel enthält …

• Gehärtete Öle
• Emulsionsmittel
• Anti-Oxidantien
• Vitamine
• Wasser

Gehärtete Öle sorgen dafür, dass die Margarine härter und butterähnlicher wird.

Emulsionsmittel sind Stoffe mit zwei Enden. Das eine mag Öl, das andere Wasser. So bindet solch ein erstaunliches Molekül Wasser- und Ölmoleküle aneinander.

Anti-Oxidantien sorgen dafür, dass die Margarine nicht so schnell ranzig wird. Salbei und Rosmarin enthalten natürliche Anti-Oxidantien, die von guten Herstellern verwendet werden.

Vitamine finden sich in unterschiedlicher Menge in den verschiedenen Lebensmitteln. Vitamine sind gesund! Weil Margarine bestimmte Vitamine nicht enthält, fügt man sie hinzu, damit sie gesünder wird.

Chemische Delikatessen

Außer Margarine haben die Chemiker Lebensmittel aus Stoffen hergestellt, die du mit Sicherheit nicht freiwillig essen würdest.

1. Alexander Butlerow (1828–1886) fand heraus, dass man Formaldehyd so behandeln kann, dass ein Zucker entsteht – Glucose. Formaldehyd riecht scheußlich, und man kann damit zum Beispiel Leichenteile haltbar machen.

2. Im Zweiten Weltkrieg entdeckten deutsche Chemiker, wie man Fett aus Öl gewinnen kann – aber nicht aus Speiseöl, sondern aus Motorenöl! Einfach köstlich!

Entdecke ... die chemische Kochkunst

Wie wär's mit einem kleinen chemischen Chaos in deiner Küche? Hier sind ein paar Rezepte zum Experimentieren.

● **Hungrige Hefe**

Hefe ist nicht einfach nur ein Stoff. Sie LEBT! Ja – Hefe ist ein winziger Pilz, etwa wie der Schimmelpilz, der sich auf altem Brot breit macht – uah! Diese Art Hefe ist harmlos, aber ihre abscheulichen Verwandten können Hautinfektionen, Lungen- und Darmkrankheiten auslösen.

Du brauchst:
etwas Trockenhefe (gibt's im Supermarkt), zwei Teelöffel und einen Esslöffel, eine kleine Schüssel, Zucker, warmes Wasser

Jetzt musst du nur noch:
1. 2 Teelöffel Hefe mit 2 Esslöffeln warmem Wasser in der Schüssel verrühren.
2. 1 Teelöffel Zucker unterrühren, bis sich der Zucker auflöst.
3. 1 Teelöffel Trockenhefe dazugeben.
4. Die Schüssel eine Stunde lang an einem warmen Ort stehen lassen und nachsehen, was geschehen ist.

Was, glaubst du, ist in der Schüssel passiert?
a) Die Mischung hat eine knallrote Farbe angenommen.
b) Die Masse schäumt auf und riecht komisch.
c) Es haben sich kleine Kristalle gebildet; die Masse stinkt.

> *Antwort: b)* Die Hefe isst den Zucker auf und erzeugt Alkohol und Kohlendioxid – das ist der Schaum. Das Gleiche geschieht, wenn aus Traubensaft Wein gemacht wird.

● **Tolles Toffee**
Zucker ist eine komplizierte Verbindung verschiedener Stoffe, unter anderem Kohlenstoff, Wasserstoff und Sauerstoff. Viele Süßigkeiten bestehen aus nichts anderem als Zucker, der bis auf eine bestimmte Temperatur erhitzt wurde. Ein Sahnebonbon zum Beispiel wird bei 116 °C herge-

31

stellt, Karamel bei 120 °C. Die heißeste Süßigkeit ist das Toffee. Und so geht's.

Du brauchst:
eine erwachsene Person zum Helfen
25 g Butter
100 g Zucker
7,5 ml Wasser
ein Zuckerthermometer
einen Esslöffel und eine Pfanne
eine Schüssel kaltes Wasser
Apfelstückchen mit Schale
einen Zahnstocher für jedes Apfelstückchen
Jetzt musst du nur noch:
1. Durch jedes Apfelstück einen Zahnstocher spießen.
2. Zucker, Wasser und Butter in eine Pfanne geben.
3. Das Gemisch auf 160 °C erwärmen. Vorsichtig rühren. Siehst du, wie sich der Zucker nach und nach in eine braune, weiche, klebrige Masse verwandelt?
4. Tauche ein Apfelstückchen in die Masse. Vorsicht – sie ist sehr heiß! Schrecke es dann im kalten Wasser etwa 20 Sekunden lang ab.
5. Aufessen!

Und jetzt helfen keine faulen Ausreden – du musst abwaschen. Mach dir nichts draus, sogar die großen Wissenschaftler kamen nicht darum herum. Und zum Glück gibt's ja jede Menge chemischer Reinigungsmittel, die dir dabei helfen!

Die Saubermacher

Ob es darum geht, die fettigen Teller in der Spüle – oder sich selbst in der Badewanne einzuweichen: Die wenigsten werden vor Begeisterung schäumen. Aber was sein muss, muss sein! Und was wären wir da ohne Chemie? Ein ziemlich miefiger, schmuddeliger Haufen!!

Kleiner Seifen-Steckbrief

Name: Seife

Besondere Merkmale: Seife bekommst du, wenn du Fett oder Öl in einer starken Lauge (Kali- oder Natronlauge) kochst.

Grauenvolle Tatsachen: Die Römer wuschen sich mit Seife, um die Elefantiasis zu bekämpfen, eine widerliche Krankheit, bei der sich winzige Würmer unter der Haut einnisten. Seife war als Heilmittel allerdings absolut ungeeignet.

Es hilft nicht!

Eine Seifenoper

1. Die erste Seife bestand aus Fett und Holzasche. Wahrscheinlich wurde sie erfunden, als irgendjemand sein Mittagessen fürchterlich anbrennen ließ.
2. In Frankreich wurde Seife schon vor 2000 Jahren von den Galliern verwendet. Sie behaupteten, die Seife aus Ziegenfett verleihe ihrem Haar einen schönen Glanz.

3. Im 18. Jahrhundert stellte man Seife her, indem man kochendes Fett mit Soda vermengte. Das alkalische Soda wandelt das Fett in Seife um. Doch diese Seife war ziemlich scharf und fraß die Haut auf. Unangenehm!

4. Zum Glück wurde vor 1853 die Seife so hoch besteuert, dass die meisten Leute sie sich nicht leisten konnten.

5. Um 1900 wuschen die Menschen ihre Kleider mit Seife. (Das Waschpulver war noch nicht erfunden.) Die Seife machte die Kleidungsstücke gelb. Also färbte man sie anschließend blau, sodass sie wieder weiß aussahen.

6. Seit 1911 hat sich in Europa der Seifenverbrauch pro Jahr mehr als verdoppelt. Echt saubere Sache …

Superseife
Das Seifenmolekül hat einen langen Schwanz, der sich an den Schmutz klammert, und einen Kopf, der mittels elektrischer Kraft von den Wassermolekülen angezogen wird. Das Ergebnis: Das Seifenmolekül holt den Schmutz ins Wasser. Und dann kann man ihn einfach wegspülen.

34

Entdecke ... ein blitzsauberes Seifenexperiment

Du brauchst:
zwei Spiegel
ein Badezimmer
Seife
Jetzt musst du nur noch:
1. Einen der Spiegel dünn mit Seife einschmieren.
2. Das heiße Wasser aufdrehen. Nur einer der Spiegel läuft an. Welcher ist es – und warum läuft der andere nicht an?

a) Der eingeseifte Spiegel läuft an, weil die Seife das Wasser im Wasserdampf anzieht.
b) Der eingeseifte Spiegel läuft nicht an, weil die Seife das Wasser fern hält.
c) Der eingeseifte Spiegel wird nass, läuft jedoch nicht an. Die Seife fängt das Wasser im Wasserdampf ab, und auf dem Glas bilden sich kleinste Tröpfchen.

Antwort: c)

Waschmittel: Ein starkes Pülverchen
Die ersten Waschmittel wurden während des Ersten Weltkriegs in Deutschland entwickelt. Als im Verlauf des Kriegs die Seife knapp wurde, entstand ein kleines Geruchsproblem; daher wurde statt Seife ein Waschmittel verwendet. Es bestand aus Seifenpulver und Salz. Leider hatte es den Fehler, dass es nicht richtig schäumte. Glück im

Unglück: Das neue Waschmittel wirkte beim Wollewaschen wahre Wunder!

Schmutz-Vertilger

Es ist unglaublich, was ein Waschmittelkarton alles enthält. In „biologischen" Waschmitteln zum Beispiel gibt es Enzyme. Das sind Stoffe, die sich sonst in Lebewesen tummeln und Reaktionen zwischen anderen Stoffen auslösen. Die Enzyme im Waschpulver beseitigen hässliche Blut- oder Eiflecken und schmierige Essensreste. Die Enzyme selbst bleiben dabei unverändert.

Wasserenthärter verhindern, dass sich im „harten" (kalkreichen) Wasser Kalk und andere Teilchen an der Wäsche oder an der Waschmaschine ablagern.

Waschpulver-enzym

Blut und Ei – lecker!

Tenside haben einen wasserfreundlichen Kopf und einen wasserabstoßenden Schwanz. Sie setzen die Oberflächenspannung des Wassers herab, sodass das Wasser dem Schmutz an den Kragen kann.

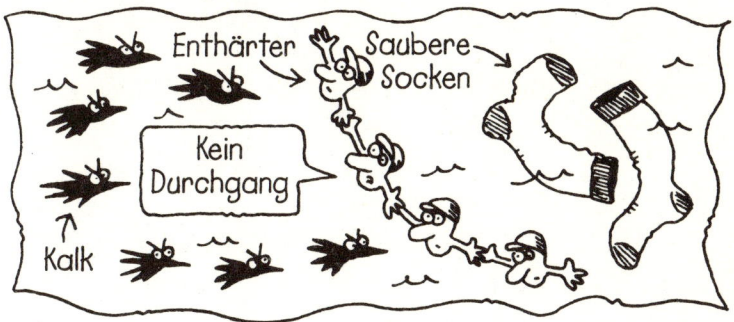

Optische Aufheller heben das blaue Licht im Sonnenlicht besonders hervor und lassen so den Gelbstich, den Wäsche normalerweise bekommt, verschwinden. Dadurch erscheint dein todschicker Slip weißer als weiß. In Wahrheit nur ein schlauer chemischer Trick.

Duftstoffe verleihen der frisch gewaschenen Wäsche einen angenehmen Wohlgeruch.

Achtung – echt ätzend!

Einige Reinigungsmittel enthalten
horrormäßig unangenehme Stoffe.
Die beseitigen zwar alle möglichen
Keime – sei aber auf der Hut vor
ihnen! Sie sind nämlich durchaus in
der Lage, auch dich zu beseitigen!

Und verwechsle sie nicht
mit dem Shampoo!

Badezimmer-Chemie

Dein Badezimmer ist randvoll mit verblüffenden Stoffen.
1. Im Wasser befinden sich Salze. Zum Beispiel Calcium-
und Magnesiumsalze, die sich aus unterirdischem Gestein
gelöst haben.
2. Enthält das Wasser viel Calcium und Magnesium, nennt
man es „hart". Wenn du in hartem Wasser badest, bleibt ein
besonders schöner Schmutzrand in der Wanne.
3. Wenn man hartes Wasser kocht, verwandeln sich die auf-
gelösten Stoffe in solche, die sich nicht mehr lösen. So entsteht eine scheußliche Kalkschicht. Eigentlich handelt es
sich dabei um Calciumcarbonat – das kommt auch in Krei-
de vor. Kalk lagert sich auch besonders gern im Wasser-
kessel ab.

4. Die ersten Toilettenreiniger wurden aus Sprengstoff hergestellt! Im Jahr 1919 entsorgte der Heizingenieur Harry Pickup explosiven Abfall aus einer Munitionsfabrik. Er kippte einen Teil davon in die Toilette und stellte fest, dass der Stoff eine fabelhafte Reinigungswirkung hatte. Hocherfreut über seinen Erfolg eröffnete Harry eine Fabrik und wurde reich.

Zumindest ist es jetzt sauber!

5. Talkumpuder stammt aus Vulkanen. Das stimmt wirklich! Talk ist ein Stoff, den man als Magnesiumsilikat bezeichnet. Er kommt in Gestein vor, das sich aufgrund unterirdischer Hitze chemisch verändert hat.
6. Manche Zahnpasten enthalten Bims. Das ist auch ein vulkanisches Gestein. (Vielleicht habt ihr sowieso einen Bimsstein im Badezimmer. Man nimmt ihn auch zum Schrubben von Hornhaut.)
7. Zahnpasta beseitigt Keime und Essensreste von den Zähnen. Die ersten Zahnpasten bestanden aus groben Materialien wie Kalk oder Poliersand. Sicher entfernten sie die hässlichen Flecke wunderbar, aber sie entfernten auch manchen Zahn!

HO SCHIND SCHIE?

Entdecke … selbst gemachte Zahnpasta

Du brauchst:
Salz
Zucker
Schüssel und
Löffel

Jetzt musst du:
1. Salz und Zucker mit wenig Wasser verrühren, bis eine dicke Paste entsteht.
2. Zähne putzen.

Anmerkung: Mit diesen Zutaten stellte man im 19. Jahrhundert tatsächlich Zahnpasta her. Bitte probiere sie nur einmal aus und nie wieder! Zucker ist nämlich schlecht für die Zähne. Du solltest sogar mit einer anständigen Zahnpasta die selbst gemachte wieder wegputzen. Es gibt Experimente, die man nicht wiederholen sollte …
   Die Zahnpasta ist nur ein Beispiel für die nützlichen Dinge, die sich die Chemiker ausgedacht haben. Aber manchmal ist es einfach der Zufall, der den Chemikern zu den aufregendsten Entdeckungen verhilft.

Na gut, meine Glatze
hab ich noch;
aber dafür höre
ich viel besser!

Eigentümliche Entdeckungen

Pleiten, Pech und Pannen waren der Ursprung so mancher bedeutenden Entdeckung. Selbstverständlich muss ein Wissenschaftler unvoreingenommen alles beobachten, was während eines Versuchs vor sich geht. Aber dabei kann es passieren, dass er bei dem Versuch, einem Problem auf den Grund zu gehen, ein ganz anderes löst!

Was Chemiker so von sich geben ...
Hier erklären ein paar berühmte Chemiker ihre Erfolge. Erzähl das mal deiner Chemielehrerin.

„Jeder großen Entdeckung ging eine kühne Vermutung voraus."

Sir Isaac Newton (1642–1727)
Entdeckte die Schwerkraft; großer Alchemiefan.

„Der Fehlschlag ist der Vater des Erfolgs."

Hideki Yukawa (1907–1981)
Fand heraus, woraus sich die winzigen Bestandteile eines Atoms zusammensetzen.

„Die wichtigsten meiner Entdeckungen sind das Ergebnis meiner Fehlschläge."

Sir Humphry Davy (1778–1829)
Entdeckte viele neue Stoffe.

Viele überraschende Substanzen verdanken ihre Entdeckung demnach glücklichen Zufällen.

Acht Zufallsentdeckungen

1. *Teflon,* das Zeug, mit dem Anti-Haft-Pfannen beschichtet sind, gibt es in dieser Funktion erst seit 1955, weil die Frau des Erfinders eine schlechte Köchin war – ständig brannte ihr das Essen an.

2. *Pauspapier* wurde in den Dreißigerjahren erfunden, als ein Arbeiter einer Papierfabrik aus Versehen zu viel Stärke in den Zellstoffbottich kippte. Heraus kam ein festes, aber durchsichtiges Papier.

3. *Papiertaschentücher* wurden eigentlich zum Entfernen von Make-up entwickelt. Im Jahr 1924 verkaufte man sie als Taschentücher, nachdem Käufer berichtet hatten, dass man sich damit wunderbar die Nase putzen kann.

4. *Vulkanisierter Kautschuk:* Die ersten Gummisohlen schmolzen bei heißem Wetter. Doch im Jahr 1844 vergoss Charles Goodyear etwas kochenden Kautschuk und Schwefel. Er fand heraus, dass die klebrige Masse, die dabei herauskam, nicht mehr so leicht schmolz.

5. *Flummies* wurden entdeckt, als Forscher im Jahr 1943 versuchten, künstlichen Gummi aus Silikon herzustellen.

Das Ergebnis war für Autoreifen ungeeignet, doch den Chemikern machte es riesigen Spaß, damit zu spielen. Ein Kaufmann ergriff die Gelegenheit, entwickelte ein neues Spielzeug und verkaufte 750.000 Bälle in drei Tagen.

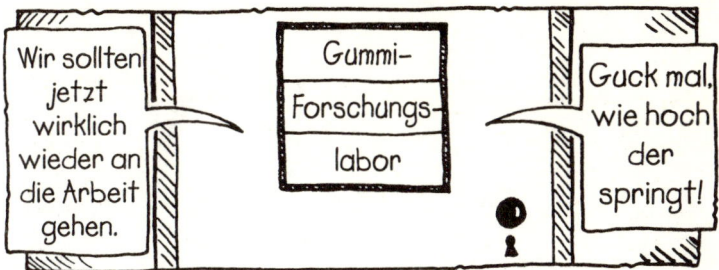

6. *Schmieröl* wurde zum ersten Mal im Jahr 1960 verkauft – als Mittel gegen Rheumatismus. Irgendein Chaot dachte sich dann wohl, was bei eingerosteten Gelenken hilft, muss auch für Scharniere gut sein!

7. *Bakelit,* ein Kunststoff, wurde im Jahr 1907 zufällig von Leo Baekeland (1863–1944) entdeckt. Der amerikanische Wissenschaftler experimentierte mit Formaldehyd. Auf dem Stuhl lag schon ein Käsebrot für die Mittagspause bereit. Versehentlich goss Leo etwas Formaldehyd darüber – und der Käse verwandelte sich in Kunststoff!

8. *Farbstoffe* aus Teer wurden im Jahr 1856 zufällig von einem britischen Wunderknaben namens William Perkin (1838–1907) entdeckt.

Da kommt Farbe auf!

1. Als William zwölf Jahre alt war, führte ihm ein Freund ein paar Chemieversuche vor.

Neue Dinge zu entdecken, fand ich einfach toll!

2. Der kleine William beschloss, selbst ein paar Experimente auszuprobieren. Ein paar Jahre später schrieb er sich am Königlichen College für Naturwissenschaften ein.

König Colle

Eklige schwarze Pampe

3. Eines Tages, es war Ostern, machte er gerade im Gartenhäuschen seines Vaters seine Hausaufgaben. Er versuchte aus einem Bestandteil des Teers das Medikament Chinin herzustellen. Heraus kam eine widerliche schwarze Masse.

44

4. Mancher hätte an diesem Punkt aufgegeben, doch Perkin war fasziniert. Er gab Alkohol dazu und wurde mit schönen malvenfarbigen Kristallen belohnt.

5. Dieses Violett war ein ganz neuer Farbton. Niemand hatte so etwas je zuvor gesehen. Also versuchte Perkin die Kristalle zu einem Farbstoff zu verarbeiten. Wie sich herausstellte, waren sie ideal zum Färben von Seide.

Ein starkes Stück Stoff!

6. Perkin schickte ein gefärbtes Seidentuch an eine schottische Firma und erhielt folgenden Brief.

Lieber William,
wenn deine Erfindung die Waren nicht zu sehr verteuert, dann ist sie mit Sicherheit das Wertvollste, was seit langem auf den Markt gekommen ist.
Mit freundlichen Grüßen
Pillars of Perth

Cool!

Wenn das keine Ermutigung ist!

7. William überredete seinen Vater, sein Geld in eine Fabrik zu stecken und einen Farbstoff namens „Mauvein" herzustellen.

8. Mauvein (auch „Perkinviolett") wurde berühmt und kam in Mode. Bald wollten es jede und jeder tragen. Man verwendete es sogar zum Drucken von Briefmarken.

9. William wurde so reich, dass er sich im zarten Alter von 35 Jahren in den Ruhestand verabschieden konnte. Er baute ein neues Haus mit Privatlabor.

10. Im Jahr 1869 erfand er einen roten Farbstoff; doch ein deutscher Wissenschaftler war einen Tag schneller gewesen als er.

46

11. Im Jahr 1906 gab es eine Feier zum Jubiläum der Entdeckung von Mauvein. Die bedeutendsten Wissenschaftler und Unternehmer der Welt nahmen daran teil. Ehrengast war der 68 Jahre alte William Perkin.

Prost!

Rotwein, Sir?

Nein, Rosé, bitte.

12. Bedauerlicherweise starb Perkin bald darauf. Die Aufregung war zuviel für ihn gewesen!

Es begann mit Kopfschmerzen, Doktor.

Wurde er blass?

Nein, eher violett.

13. Inzwischen hatten die Chemiker begonnen, mit Kunststoffen zu experimentieren, um weitere künstliche Stoffe herzustellen. Und weitere Entdeckungen zu machen – ganz zufällig.

Das ist unglaublich!

Das wird in die Geschichte eingehen!

Welch eine Entdeckung!

Wir werden berühmt!

Verblüffend!

Und reich!

LABOR

Kleine Kunststoff-Fibel

<u>NAME:</u> Kunststoff

<u>BESONDERE MERKMALE:</u> Kunststoffe bestehen aus langen Molekülketten, die sich aus Kohlenstoffatomen aufbauen. Meist werden sie aus Stoffen hergestellt, die im Erdöl enthalten sind, aber auch Kohle, Erdgas, Baumwolle und sogar Holz sind wichtige Ausgangsstoffe. Kunststoffe sind stabil, aber dabei biegsam, weil ihre Moleküle stark verschlungen sind.

<u>Grauenvolle Tatsachen:</u> Manche Kunststoffe können in der Erde verrotten. Sie werden in mikroskopisch kleinen Keimen aus Kohlendioxid und Wasser gebildet. Der Kunststoff wird entfernt, und der Keim verdampft!

Prima Plastiksärge! Garantiert mit Verfallsdatum!

Alles Plastik – oder was?

Es ist kaum zu glauben, was aus Kunststoff alles hergestellt werden kann. Welche der folgenden Gegenstände, glaubst du, sind aus Kunststoff gemacht und welche nicht?

2. Bucheinband

1. Trommel

3. Trinkbecher

4. Künstliche Augen

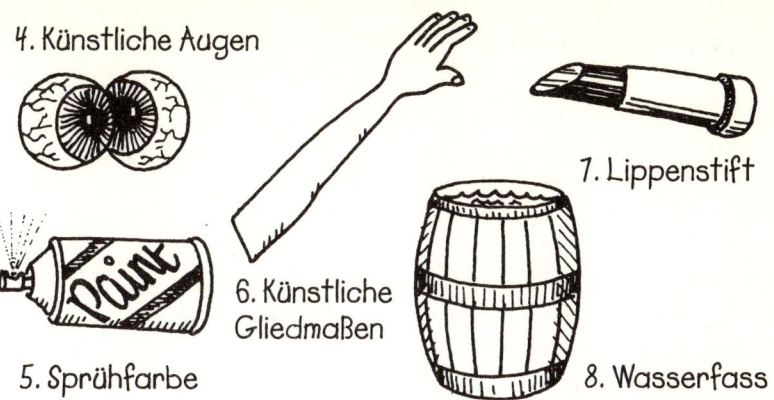

7. Lippenstift

6. Künstliche Gliedmaßen

5. Sprühfarbe

8. Wasserfass

Antworten: 1. RICHTIG – Polyethylen. 2. FALSCH – Wenn du deinen Saft verschüttest, schützt eine Lackschicht auf Harzbasis den Umschlag vor Nässe. Probier's nicht aus – zumindest nicht mit diesem Buch! 3. RICHTIG. 4. RICHTIG – sie enthalten Acryl, damit sie nicht zerbrechen, wenn sie einmal herausfallen! 5. RICHTIG – sie enthält Acryl. 6. RICHTIG. 7. FALSCH. 8. RICHTIG.

Chemiker-Chinesisch

Eine Chemikerin erzählt ihrer besten Freundin: „Mein Unterhemd besteht aus Polyhexamethylenadipinsäureamid" (sprich: Poli-hexa-methü-len-adi-pin-säure-a-mid). Ist das sehr gefährlich?

Antwort: Überhaupt nicht. Sie trägt Unterwäsche aus Nylon.

Schon gewusst?
Wahrscheinlich trägst du auch Kleider aus Kunststoff. Viele Kleiderstoffe – Polyester, Viskose, Perlon und Nylon – werden aus Kunststoffen hergestellt. Doch Nylon wurde ebenfalls rein zufällig entdeckt. Und so kam's.

Eine Geschichte, die sich dehnt

Noch nie hatte man so etwas auf Erden gesehen. Es war robust wie Stahl und ideal für kugelsichere Westen. Und doch waren seine Fasern nicht dicker als ein Spinnennetz. Die Ausgangsstoffe waren nicht gerade sensationell: Erdöl, Erdgas, Wasser und Luft.

Die Geschichte begann im Jahr 1928, als ein schüchterner bebrillter Chemiker namens Wallace Hume Carothers in die gigantische Chemiefabrik DuPont in Delaware, USA, eintrat.

„Junger Mann", sagte der Vizepräsident der Gesellschaft, Charles Stine. „Ich habe da eine ganz besondere Aufgabe für Sie. Wir forschen nach Methoden, wie wir Seide aus Mineralien herstellen könnten."

Die meisten von uns hätten wohl geantwortet: „Mann, das ist ein bisschen viel verlangt!" Doch Carothers blickte nachdenklich drein. „Ich werde die Polymere untersuchen müssen. Ich meine diese langen Moleküle, die Seide so stark und elastisch machen. Ob das wohl geht?"

„Ich denke", meinte Carothers, „am besten erfinden wir neue Moleküle."

„Nun, das ist Ihr Job, mein Junge. Tun Sie einfach, was Sie für richtig halten."

Carothers' Labor war ein chaotisches Durcheinander voll
eigenartig geformter Fläschchen, Dreifüßen, Becherglä-
sern mit seltsamen Flüssigkeiten und Glasflaschen mit un-
lesbaren Etiketten. Aber hier fühlte er sich wohl, und hier
machte er seine große Entdeckung.

Nach fünf Jahren Forschung fand Carothers seinen neuen
Stoff – Nylon. Doch er war völlig unbrauchbar! Nylon war
ein durchsichtiger Kunststoffklecks, der am Boden eines
Reagenzglases klebte und nur bei extrem hohen Temperaturen schmelzen wollte. Wie sollte man ihn in Fasern verwandeln, die sich zu einem Stoff verarbeiten ließen?
Carothers wandte sich anderen Polyamiden zu. Eines Tages spielte sein Assistent Julian Hill mit einem Polyamid
im Reagenzglas herum. Er war verblüfft, dass er mit einem

Stäbchen Fäden ziehen konnte – wie bei geschmolzenem Mozzarella auf einer Pizza.

„Wartet, bis der Chef draußen ist", sagte er den anderen. „Ich will mal was ausprobieren."

Sie zogen den Polyamidfaden so weit es eben ging. Das sah ziemlich komisch aus, denn er ließ sich mehrere Meter lang den ganzen Flur hinunterdehnen.

Durch diese Prozedur ordneten sich die Polyamidmoleküle in robusten Fasern an. Vielleicht konnte man das Gleiche auch mit Nylon machen? Ja, man konnte.

Dieser dramatische Durchbruch ermöglichte die Herstellung einzigartiger neuer Stoffe. Wie Carothers reagierte, als er zurückkam, ist nicht überliefert. Er könnte jedoch gesagt haben: „Eure Arbeit zieht sich ganz schön in die Länge!"

Nylonstrümpfe wurden im Jahr 1938 auf der Welthandelsmesse auf den Markt gebracht. Charles Stine erklärte seinem weiblichen Publikum: „Das ist die erste künstlich hergestellte organische Textilfaser. Und dabei ist sie elastischer als jede herkömmliche natürliche Faser."

Und das Tollste an der Sache: Nylon war viel billiger als Seide, so dass mehr Menschen sie sich leisten konnten. Das Publikum war begeistert und applaudierte stürmisch. Doch Carothers erlebte die Begeisterung nicht mehr …

Ein trauriges Ende
Im Jahr 1936 war Carothers nach dem Tod seiner Schwester in völlige Hoffnungslosigkeit versunken. Im Jahr darauf nahm er sich mit einer tödlichen Dosis Zyanid das Leben. Er war erst 41 Jahre alt.

Noch ein paar synthetische Sachen
Einige Jahre später befand sich die Welt im Krieg, und Nylon erwies sich als kriegsentscheidendes Material. Zahllose Fallschirme wurden daraus genäht und die gebrauchten Fallschirme später wieder zu Strumpfhosen verarbeitet.

Heutzutage werden aus Nylon nicht nur Strümpfe produziert, sondern von Seilen über Teppiche bis zu den Borsten von Zahnbürsten so ziemlich alles. Dabei ist Nylon nur eines von hunderten künstlich hergestellter Materialien – von der Acrylfarbe bis hin zum Zinkoxid (wird unter anderem auf wunde Baby-Popos geschmiert).

Übrigens: All diese Stoffe haben eins gemeinsam. Sie bestehen aus Atomen – diesen verteufelt kleinen Dingern, die Chemiker verteufelt neugierig machen. Also dann: höchste Zeit für die Grundlagen!

Du bist nicht mehr
als ein Haufen
Atome!

Atemberaubende Atome

Atome sind atemberaubend – atemberaubend klein. Und atemberaubend wichtig. Schließlich besteht im Universum einfach alles aus Atomen – auch du.

Die unglaubliche Geschichte der schrumpfenden Lehrerin

Die Maschine ist fertig – ein Furcht einflößendes Monstrum mit Röhren und Lasern, auf Hochglanz poliert und betriebsbereit. Jetzt fehlt nur noch ein mutiger, ja waghalsiger Freiwilliger, der sich ins Ungewisse vorwagt. Diese Person wird die fantastische Energie des unglaublichen Schrumpfungsstrahls verspüren – und hoffentlich überleben, um später davon zu berichten.

Die Versuchsperson ist bereit. Eine Frau mit Nerven wie Drahtseilen. Für WahnsinnsWissen wird sie sich auf eine Reise wagen, von der sie vielleicht nie zurückkehrt. Die heroische Versuchsperson ist … deine Chemielehrerin.

Sie stellt sich unter den Strahl und scheint zu verschwinden. Bald ist sie wenig größer als eine Puppe, und sie schrumpft noch weiter! In null Komma nichts ist sie um das FÜNFZIGFACHE kleiner geworden. Sie ist jetzt so klein, dass sie in deine Tasche passt. Dann … ist das eine

Ameise? Nein, es ist deine Lehrerin, und sie ist nun FÜNF-HUNDERTMAL kleiner. Nanu, wo ist sie denn hin?

Der kleinste Gegenstand, den du noch sehen kannst, ist vielleicht einen zehntel Millimeter groß. Deine Lehrerin ist jetzt aber kleiner. Wenn du ein Mikroskop hättest, könntest du deine Lehrerin noch sehen, wenn sie vierhundertmal kleiner wäre. Doch dafür ist sie auch schon zu klein. Sie ist jetzt winziger als das kleinste Tröpfchen, das aus einer Spraydose kommt – ein fünfzigtausendstel Millimeter. Und das ist ganz schön winzig!

Deine schrumpfende Lehrerin fällt und fällt, sie stürzt in ein Meer von Bällen, die heftig umhertosen wie bei einem schweren Sturm. Jeder Ball sieht aus wie ein winziger Planet, der von Chaoswolken umkreist wird. Deine Lehrerin ist in der wundersamen Welt der Atome angekommen.

Eine kleine Welt
- Wenn du eine Million Atome aneinanderreihst, würden sie nur den Punkt am Ende des Satzes verdecken.
- Wenn du sie ein bisschen quetschst, kannst du eine Trillion Atome – 1.000.000.000.000.000.000 – in einer Stecknadel unterbringen.
- 600.000.000.000.000.000.000.000 (sechshundert Trilliarden) Atome passen in einen Fingerhut.

Aber wenn die Atome so klein sind, woher wissen wir dann, dass es sie gibt?

Topstars der Chemie
Demokrit (ca. 460–370 v. Chr.). Nationalität: Grieche Demokrit war bekannt als der „lachende Philosoph" – keiner weiß, warum. Ganz sicher lachten manche Leute ihn aus, weil er behauptete, es gebe Atome. Und so stellte er sich das vor:

Teile ein Stück Käse. Schneide eine Hälfte wieder entzwei und so weiter. Am Ende hast du ein Stück, das zu klein ist, um es noch mal zu teilen. Das ist ein Atom!

Damals glaubten nur wenige an die Existenz von Atomen. Aber viele hundert Jahre später stellte es sich heraus, dass Demokrit Recht hatte! Wer zuletzt lacht …

Schon gewusst?
Heute können sich die Wissenschaftler Atome ansehen und sie fotografieren – mit einem Raster-Tunnel-Elektronenmikroskop. Es misst die elektrische Kraft zwischen Atomen. Es macht fantastische Fotos von den Atomen, auf denen sie wie Tischtennisbälle aussehen.

Mitten im atemberaubenden Atom
Stell dir mal vor, deine schrumpfende Lehrerin wagte sich ins Innere eines Atoms vor. Folgendes würde sie sehen:

1. Ein Atom besteht aus einem Materieklecks, dem Atomkern, der von Elektronen umgeben ist. Die Elektronen sind winzige Teilchen elektrischer Energie.

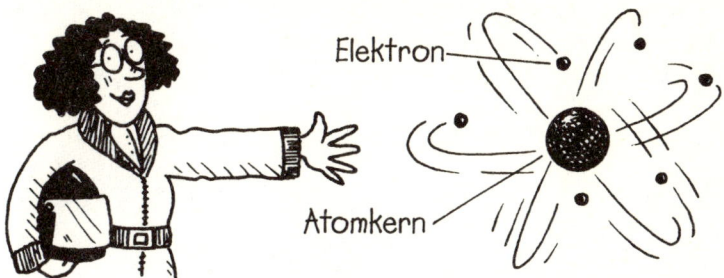

2. Die Elektronen schwirren chaotisch in der Gegend herum. Wenn du denkst, du hättest eines erwischt, ist es schon wieder ganz woanders.

3. Allerdings können die Elektronen nicht einfach überallhin fliegen, sondern sie bewegen sich in einer Hülle rund um den Atomkern.

Entdecke ... Atome in Bewegung

Du brauchst:
kaltes Wasser, das 2 Std. im Kühlschrank gestanden hat
Lebensmittelfarbe, ein großes Glas
Jetzt musst du nur noch:
1. Das Glas zur Hälfte mit heißem Wasser füllen.
2. Etwas Lebensmittelfarbe dazugeben und umrühren.

3. Das Glas mit dem kalten Wasser auffüllen. Was geschieht?

a) Nichts. Das warme Wasser bleibt, wo es war.

b) Das kalte Wasser scheint von oben nach unten zu sinken und sich mit dem warmen Wasser zu vermischen.

c) Das warme Wasser scheint aufzusteigen.

Antwort: c) Die warmen Wassermoleküle bewegen sich schneller als die kalten. Sie streben auseinander und steigen dabei auf. Du siehst also Billionen von Atomen in Bewegung.

Die erste Frage, die sich einem Chemiker bei der Erforschung der Atome stellt, ist die, wie sich die Atome in einem Stoff anordnen. Um eine Antwort zu bekommen, führen die Wissenschaftler normalerweise eine Menge Experimente durch, die sie dann noch einmal wiederholen, damit sie auch ganz sicher sein können. Doch einer schlug einen ganz anderen Weg ein.

Topstars der Chemie

Friedrich Kekulé (1829–1896). Nationalität: Deutscher
In der Schule war Kekulé gut im Zeichnen, deshalb studierte er Architektur. Eines Tages besuchte er einen Mordprozess. Der junge Kekulé war überwältigt von den schauderhaft schlechten wissenschaftlichen Beweisen und über-

rascht, dass man sie vor Gericht nicht mit einem Lächeln abtat. Kekulé beschloss, Wissenschaftler zu werden und mehr über dieses faszinierende Thema herauszufinden. So kam er im Jahr 1854 nach London.

Eine traumhafte Entdeckung

1. 1854. Kekulé döste auf einem Doppeldeckerbus vor sich hin.

2. Plötzlich tanzten Atome vor seinen Augen umher.

3. Dann wachte er auf.

4. Aber der Traum brachte ihn auf eine raffinierte Idee.

5. Er fertigte ein Modell an, indem er kleine Bälle durch Stäbchen verband.

Auf diese Art kam er darauf, dass einige Atome sich leichter zu neuen Stoffen verbinden, andere schwerer. Ein neues Forschungsgebiet war geboren – und das nur aufgrund eines Traums!

6. 1863 Gent, Belgien. Kekulé hatte noch einen Traum. Er schrieb gerade an einem Buch, als er sich eine ekelhafte Grippe einfing.

7. Aber auch ein schwieriges chemisches Problem bereitete ihm Sorgen.

Hatschi-i-i!!

Benzol = Bestandteil der Kohle = 12 Atome. Und die Anordnung?

8. Er döste ein und träumte von Schlangen. So was gibt's!

9. Eine der Schlangen biss sich in den Schwanz.

10. Er erwachte mit einer pfiffigen Idee.

Auaaa!

Benzol hat eine Ringstruktur!

11. Doch viele Leute hielten diese Idee für bescheuert.

Träum weiter, Kekulé!

Kekulé musste noch jahrelang geduldig Versuch für Versuch durchführen, ehe er sicher war, dass sein Traum ihn auf die richtige Spur geführt hatte. Benzol ist wirklich ein Atomring. Und die traumhafte Entdeckung machte es möglich, dass neue chemische Farbstoffe und tausende anderer nützlicher Stoffe entwickelt werden konnten.

Ein Traum wird wahr!

Elementares Chaos

Es gibt über 100 verschiedene Arten von Atomen. Diese Varianten bezeichnet man als Elemente. Jahrzehntelang befand sich das chemische Wissen im Chaoszustand, weil verwirrte Chemiker versuchten diese Elemente zu klassifizieren. Der Grundgedanke, dass es Elemente gibt, kam dem langweiligen britischen Wissenschaftler John Dalton.

Topstars der Chemie

John Dalton (1766–1844). Nationalität: Brite

John Dalton gehörte nicht gerade zu den Scherzkeksen dieser Welt. Stundenlang konnte er nur über wissenschaftlichen Kram schwadronieren. Und wenn dich das an einen gewissen Chemielehrer erinnert, den du kennst, dann wird es dich nicht sonderlich überraschen, dass Dalton Lehrer für Naturwissenschaften war. Damals fingen sie ganz schön früh an – John war erst zwölf, als er Lehrer wurde.

Wie jeder Wissenschaftler wusste John, dass Wasser in Wasserstoff und Sauerstoff aufgespalten werden kann. Doch diese Stoffe ließen sich nicht weiter zerlegen. Daher nannte er sie „Elemente" und behauptete, dass jedes eine Sorte Atom sei. Die Leute machten sich über John lustig. Doch bald schon verging ihnen das Lachen, denn andere Wissenschaftler wiesen in ihren Experimenten nach, dass

John Recht hatte. Er wurde berühmt, und heute gibt's sogar eine Statue von ihm.

Wusste doch, dass ich Recht habe!

Elementare Elemente

Auf der Erde gibt es 94 Elemente. Außerdem haben die Wissenschaftler aus winzigen Materieteilchen neue Elemente geschaffen, die leider die Angewohnheit haben, nach wenigen Sekunden zu zerfallen. Hier ist ein Führer durch die wichtigsten Elemente, die das nicht tun.

Kleiner Elemente-Führer

Name des Stoffes: Aluminium

Vorkommen: Im Boden und in Gestein

Wichtige Merkmale: Leichtes und nützliches Metall. Man macht Pfannen, Bratfolien und Klappstühle daraus. Sogar Kleidungsstücke lassen sich damit herstellen!

Hüte auch!

Name des Stoffes: Kohlenstoff

Vorkommen: In Diamanten, Benzol, Kohle und in deinem Bleistift.

Wichtige Merkmale: Das verbreitetste Atom im menschlichen Körper, was merkwürdig ist, weil die Menschen gar nicht aussehen wie Kohle.

Ich schon.

Name des Stoffes: Blei

Vorkommen: In deinem Bleistift ist gar kein Blei! Blei ist ein graues Metall, das man häufig auf alten Kirchendächern sieht.

Wichtige Merkmale: Nicht essen – Blei ist ein bösartiges Gift. Es ist ziemlich schwer – lass es deiner Lehrerin nicht auf die Zehen fallen!

Name des Stoffes: Calcium

Vorkommen: In Milch, Kalk, Marmor, in Knochen und im Gips für gebrochene Knochen.

Wichtige Merkmale: Brennendes Calcium macht eine schöne rote Flamme. Aber das ist kein Grund, den Gipszeh deiner Lehrerin abzufackeln!

Wunderhübsch!

Name des Stoffes: Chlor

Vorkommen: Chlor ist das Zeug, das im Schwimmbad so stinkt.

Wichtige Merkmale: Tötet Keime ab; in der Nase ist es allerdings recht unangenehm.

Name des Stoffes: Kupfer

Vorkommen: In Gestein unter Tage

Wichtige Merkmale: Jede Menge Einsatzmöglichkeiten vom elektrischen Kabel bis hin zu den Nieten an deinen Jeans. Die schmutzigen Auto- und Industrieabgase lösen eine chemische Reaktion aus, die Kupfer grün färbt. Deshalb sieht die kupferbeschichtete Freiheitsstatue immer so seekrank aus.

Einen Eimer, bitte!

<u>Name des Stoffes:</u> Gold

<u>Vorkommen:</u> In Gestein unter Tage

<u>Wichtige Merkmale:</u> Hervorragend geeignet für falsche Zähne und Schmuck. Es kostet allerdings eine Kleinigkeit.

<u>Names des Stoffes:</u> Helium

<u>Vorkommen:</u> In der Luft

<u>Wichtige Merkmale:</u> Ideal zum Füllen von Ballons. Es ist leichter als Luft, sodass die Ballons aufsteigen. Wenn du Helium einatmest, klingst du wie Mickymaus. Das liegt daran, dass die Schallwellen deiner Stimme sich durch Helium schneller ausbreiten als durch Luft. Deshalb klingt die Stimme höher und quietschiger.

<u>Name des Stoffes:</u> Wasserstoff

<u>Vorkommen:</u> Das verbreitetste Element. Nicht nur Sterne wie unsere Sonne bestehen aus Wasserstoff, sondern auch 97 % des bekannten Universums.

<u>Wichtige Merkmale:</u> Wasserstoff ist das leichteste Element und steigt daher auf. Deshalb hat man früher Wasserstoff in die Ballons gefüllt. Dient auch als Raketentreibstoff. Schwefel-Wasserstoff stinkt nach faulen Eiern.

<u>Name des Stoffes:</u> Eisen

<u>Vorkommen:</u> Ein großer Teil der Erde besteht aus Eisen. Man findet es in Gestein oder im Boden.

<u>Wichtige Merkmale:</u> Gut geeignet für Gitterstäbe. Es findet sich auch in dem Stoff, der deinem Blut die leckere rote Farbe gibt.

Name des Stoffes: Sauerstoff

Vorkommen: Das verbreitetste Element auf der Erde.

Wichtige Merkmale: Ein Fünftel der Atome in der Luft sind Sauerstoff. Ohne sie wären wir mehr als nur ein bisschen tot. Manche Leute glauben, dass sie länger leben, wenn sie reinen Sauerstoff einatmen. Das ist wahrscheinlich Blödsinn. Die Mediziner nehmen an, dass zuviel Sauerstoff den Blutdruck gefährlich erhöht.

Name des Stoffes: Plutonium

Vorkommen: In Atomkraftwerken, in der Natur nur in winzigen Mengen.

Wichtige Merkmale: Gehört zu den gefährlichsten aller giftigen Stoffe. In feuchter Luft fängt es Feuer. Der Mann, der es 1940 entdeckte, trug stets etwas davon in einer Schachtel mit sich herum. Plemplem!

Name des Stoffes: Silber

Vorkommen: In Gestein unter Tage.

Wichtige Merkmale: Beliebtes Schmuckmetall. Silbersalze machen den Film in deiner Kamera lichtempfindlich. In den letzten 50 Jahren haben die Leute rund 100.000 Tonnen Silbermünzen verloren. Wo die wohl geblieben sind?

Keine Ahnung, ehrlich!

Name des Stoffes: Schwefel

Vorkommen: Schwefel ist ein stinkendes gelbes Zeug, das aus Vulkanen aufsteigt.

Wichtige Merkmale: Früher gab man Kindern Schwefel vermischt mit Sirup als Medizin. Das Zeug schmeckte so ekelhaft, dass es die meisten schleunigst wieder ausspuckten.

66

Zwielichtige Elemente

Einige der eher unbekannten Elemente sind reichlich seltsam. Welche dieser Behauptungen, meinst du, sind zu seltsam um wahr zu sein?

RICHTIG oder FALSCH?

1. Das Element Phosphor wurde von einem Alchemisten beim Betrachten seines eigenen Urins entdeckt.

2. Die Elemente Yttrium, Erbium, Terbium und Ytterbium wurden allesamt in einem schwedischen Bergwerksort entdeckt.

3. Das Element Dysprosium wurde im Jahr 1886 entdeckt. Der griechische Name bedeutet „furchtbar übel riechend".

4. Das Element Selen wurde von dem Schweden Berzelius entdeckt. Leider erkannte er erst, dass es giftig ist, als er sich damit vergiftete.

5. Das Element Cadmium wurde entdeckt, als es versehentlich in eine Medizinflasche geriet.

6. Das Element Krypton wurde nach dem Heimatplaneten von Superman benannt.

7. Der Wissenschaftler, der Beryllium entdeckte, benannte es nach seiner Frau Beryl.

8. Das Element Astatin kommt so selten vor, dass du auf der ganzen Erde nur 0,16 Gramm davon finden würdest, wenn du überall suchtest.
9. Technetium wurde zuerst im Kot von Käfern gefunden.
10. Lutetium wurde nach dem römischen Namen für Paris benannt.

Antworten: 1. Unappetitlich, aber RICHTIG. Der Alchemist Hennig Brand (etwa 1630–1692) machte seine Entdeckung im Jahr 1669. Er muss ziemlich geschockt gewesen sein – Phosphor leuchtet im Dunkeln. 2. RICHTIG. Der Ort heißt Ytterby, und dort wurden gleich mehrere Elemente entdeckt. 3. FALSCH. Er bedeutet „schwer zu beschaffen". 4. FALSCH. Berzelius starb viele Jahre nach der Entdeckung von Selen. 5. RICHTIG. Im Jahr 1817 analysierte der deutsche Chemiker Friedrich Stromeyer die Inhaltsstoffe von unreinem Zinkoxid. 6. FALSCH. Doch Krypton, so weiß man heute, schwebt frei durchs Weltall. Der griechische Name bedeutet „geheim". 7. FALSCH. 8. RICHTIG. Es ist das Element, das am seltensten vorkommt. 9. FALSCH. 10. RICHTIG.

Topstars der Chemie

Dmitri Mendelejew (1834–1907). Nationalität: Russe
Andere Wissenschaftler hatten es vielleicht auch schwer. Doch Mendelejews Leben war ein wahr gewordener Kitschroman. Sein Vater war Lehrer und erblindete. Seine Mutter leitete die familieneigene Glasfabrik und erzog 14 Kinder. Doch als Dmitri 14 war, brannte die Fabrik nieder. Dmitri ging nach St. Petersburg, um Chemie zu studieren. Er erarbeitete das Periodensystem, indem er je ein Element auf ein Kärtchen schrieb und diese ähnlich auslegte wie seine Lieblingspatience (ein Kartenspiel). Im Jahr 1955 nannte man das Element 101 zu seinen Ehren Mendelevium. Dmitri endete in seinem eigenen System!

69

Und hier wird's kompliziert

So, das war's. Du musst einfach nur das Periodensystem kennen und wissen, welche Elemente zusammengehören. Kinderleicht, oder? Äh – nicht ganz. Nur um das Chaos noch ein bisschen chaotischer zu machen, verändern sich die Stoffe ständig und verbinden sich miteinander. Verwirrt? Na, dann warte nur, was im nächsten Kapitel auf dich zukommt!

Gibst du mir etwas Wasser, Mami?

Möchtest du es fest, flüssig oder gasförmig, Schatz?

Vorhersage: Veränderlich

Alles verändert sich – das ist weithin bekannt und deshalb eine ziemliche Binsenweisheit. Aber WARUM verändern sich die Dinge? Bei den chemischen Stoffen hat das meistens mit Hitze oder Kälte zu tun. Das Ergebnis kann ein chaotisches chemisches Durcheinander sein.

Schon gewusst?
Du denkst wahrscheinlich, Wasser ist flüssig, Eisen fest und Sauerstoff gasförmig. Falsch, falsch und nochmals FALSCH! Vielmehr kann JEDER Stoff fest, flüssig oder gasförmig sein. Das hängt nur davon ab, wie warm er gerade ist. Unter 0 °C tritt Wasser fest auf, als Eis. Oberhalb dieser Temperatur verwandelt es sich in – na ja, Wasser. Über 100 °C kocht das Wasser und wird zu einem Gas – Wasserdampf.

Feste Fakten

Hast du dir je Gedanken darüber gemacht, warum einige feste Materialien biegsam sind, andere ganz starr? Hast du dich jemals gefragt, warum das gute Porzellan deiner Tante immer gleich zerbricht und warum ihr Sandkuchen immer … so sandig ist? Hier kommt die Antwort.

- In jedem festen Material sind die Atome miteinander verknüpft. Wichtig ist die Art ihrer Anordnung.
- Wenn sie in geschmeidigen Ketten aneinander hängen, ist der Gegenstand elastisch wie ein Gummiband. Sie lassen sich leicht zusammendrücken.

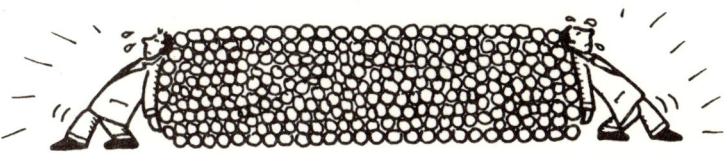

- In harten Materialien wie Diamanten sind die Atome in einem starren und robusten Gitterwerk angeordnet.

- In weicheren Materialien wie Graphit – das Zeug in deinem Bleistift – sind die Atome in losen Schichten angeordnet, die sich – z. B. beim Schreiben – leicht ablösen.

- In Porzellan sind die Atome eng vergittert. Doch wenn eine Atombindung reißt, zerbricht das Porzellan!

- In Metallen werden die Atome von sich anrempelnden Elektronen umkreist. Die elektrische Kraft der Elektronen hält die Atome an ihrem jeweiligen Platz fest. Doch jedes Atom kann sich ein bisschen bewegen – deshalb kannst du Metall verbiegen. Wenn du stark bist!

Na los, geht ganz leicht!

Ein zarter Schmelz

En paar Fakten zum Thema Schmelzen und Gefrieren:

1. In Nordkanada gefrieren manche Seen durch und durch zu. Es beginnt mit einem einzigen Eiskristall, der wächst. Jeder gefrorene See ist also ein riesiger Eiskristall.

2. Gefrierendes Wasser dehnt sich aus und zerstört mit einer Kraft von 140 Kilogramm pro Quadratzentimeter alles, was diese Ausdehnung verhindert (Wasserrohre zum Beispiel!). Das reicht um ein Schiff zu versenken!

3. Schnee und Hagel gibt es, wenn sich die Wassermoleküle hoch am Himmel zusammenschließen und gefrieren. Hagelkörner entstehen in einer kalten Wolke: Große Eisklumpen schwirren umher und werden immer größer. Das größte Hagelkorn hatte einen Durchmesser von 19 Zentimetern und fiel im Jahr 1970 in Kansas vom Himmel.

4. Du kannst Schneebälle machen, weil Schnee schmelzendes Eis ist und sich zusammendrücken lässt. Wenn es richtig kalt ist, wie in der Antarktis, dann ist der Schnee hart und pulvrig. Also keine Schneeballschlachten am Südpol!

Aua!

5. Und das passiert, wenn Eis schmilzt: Solange die Wassermoleküle im Eis aneinander gekettet sind, zittern sie nur ganz leicht.

6. Nur wenn es sehr kalt ist, sind die Moleküle absolut regungslos. Diese Temperatur liegt bei −273,15 °C. Das ist der absolute Nullpunkt.

7. Beim Schmelzen nehmen die Moleküle Wärmeenergie auf und zittern immer stärker. Schließlich treiben sie frei umher.

Moleküle

Schmelzender Eiswürfel

Jipiie!

Endlich frei!

8. Wenn man die Moleküle weiter erwärmt, bewegen sie sich immer schneller, bis sie schließlich in die Luft aufsteigen und gasförmig werden.

Schon gewusst?

1. Verschiedene Stoffe schmelzen und gefrieren bei unterschiedlichen Temperaturen. Das hängt mit den Atombindungen in den Stoffen zusammen. Sind sie stark, brauchst du massig Wärmeenergie um sie aufzubrechen. Der Schmelzpunkt ist dann höher.

2. Ein Gas verwandelt sich erst bei enormer Kälte in eine Flüssigkeit. Für flüssigen Sauerstoff brauchst du −188,191 °C, und damit Sauerstoff fest wird, muss es noch frostiger sein: −218,792 °C! Zum Glück ist es bei uns nicht so kalt – sonst hätten wir nichts zum Atmen. Bisschen unangenehm!

Teste deinen Lehrer

Natürlich kann alles flüssig sein, wenn es nur die richtige Temperatur hat. Nerve deinen Lehrer mit diesem kniffligen Test.

1. Im Verlauf mehrerer hundert Jahre sinkt Fensterglas langsam nach unten zum Fensterrahmen. Ist Glas nun flüssig oder fest?

2. Die grüne Anzeige im Taschenrechner besteht aus Kristallen. Sind die flüssig oder fest?

3. Ist Götterspeise eine Flüssigkeit oder ein Feststoff?

Weiß nicht, erst mal probieren ...

4. Heliumgas, das auf −271 °C gekühlt wird, kann gegossen werden und kriecht die Wand eines Becherglases hoch. Ist es flüssig oder fest?

Antworten: 1. Es ist eine Flüssigkeit! 2. Eine Fangfrage. Sie sind irgendwo dazwischen. Es handelt sich um spezielle Kristalle, die nicht schmelzen, wenn man sie erwärmt. Sie sind also fest, auch wenn sie schon flüssig sein sollten! 3. Sie ist eine Flüssigkeit, die man als Kolloid bezeichnet – eine Flüssigkeit mit vielen kleinen öligen Tröpfchen. Igitt! Ein Punkt fürs Kolloid, ein halber für die Flüssigkeit und ein verdorbener Magen, wenn's fest ist. 4. Noch eine Fangfrage. Es ist eine supercoole Flüssigkeit, deshalb verhält sie sich so eigenartig.

75

Gemischte Gemische

Unser Planet besteht zum größten Teil aus Stoffgemischen. Zum Beispiel die Luft: Mit jedem Atemzug verabreichst du dir eine tolle Mixtur aus Sauerstoff, Stickstoff, Wasserstoff und ein paar anderen Gasen. All diese Atome sind gut miteinander vermischt. Aber seltsamerweise geschieht überhaupt nichts – sie reagieren nicht miteinander.

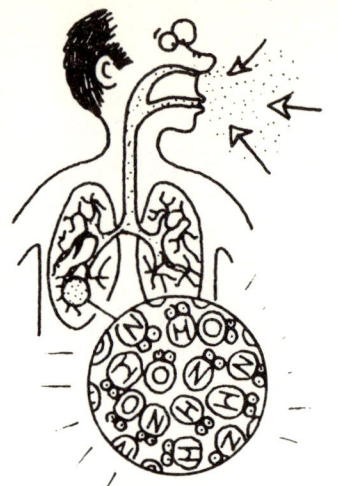

Wenn du zwei Gase oder Flüssigkeiten zusammenbringst, verteilen sich die Atome der einzelnen Stoffe meist, bis sie sich vollständig miteinander vermischt haben. Doch manche Stoffe lassen sich partout nicht mixen.

Wenn eine Flüssigkeit schwerer ist als Wasser, sinkt sie auf den Boden des Wasserglases, statt sich mit dem Wasser zu vermischen. Probier mal den folgenden Chemiecocktail aus …

Du brauchst:
ein hohes Glas
Wasser (wenn's geht mit ein paar Tropfen Lebensmittelfarbe)
Öl und
Sirup (etwa gleich viel)
Schirmchen (wahlweise)
Strohhalm (wahlweise)
Jetzt musst du nur noch:
1. Von jeder Flüssigkeit etwa gleich viel in das Glas geben.
2. Herumsitzen und warten, dass etwas geschieht.
3. Beobachten, ob eines der folgenden Dinge passiert …
a) Die Flüssigkeiten vermischen sich miteinander.

b) Das Wasser bleibt oben, das Öl sinkt zur Mitte, der Sirup zum Boden.

c) Das Öl schwimmt oben, das Wasser ist in der Mitte, der Sirup sinkt zu Boden.

Antwort: c) Außer du hast irgendwo etwas chaosmäßig falsch gemacht.

Schon gewusst?

Wenn du eine feste Substanz in Wasser gibst, löst sie sich manchmal auf. Warum das passiert? Ein Wassermolekül besteht aus zwei Wasserstoffatomen und einem Sauerstoffatom. Allerdings wurden die Elektronen der Wasserstoffatome von dem Sauerstoffatom geklaut. Dadurch haben die Wasserstoffatome eine positive Ladung und das Sauerstoffatom eine negative. Moleküle, die nichts ahnend im Wasser umhertreiben, werden von diesen Ladungen festgehalten und ZERFETZT! Peinliche Sache!

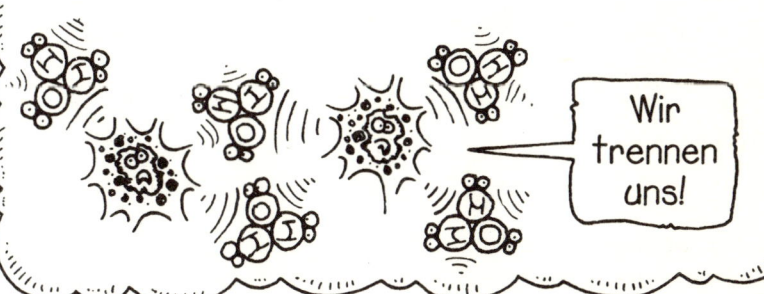

Trennen von Stoffgemischen

Du kannst Stoffe nicht nur mischen, sondern auch wieder trennen. Wenn zum Beispiel ein Stoff mit Wasser vermischt wurde, kannst du das Wasser verdampfen lassen, und der Originalstoff bleibt übrig. Wenn wir schon davon reden, wie man Stoffe von Wasser trennt – ein Wissenschaftler

77

hatte da eine tolle Idee. Es handelt sich um Fritz Haber –
und hier ist seine Geschichte …

Topstars der Chemie
Fritz Haber (1868–1934). Nationalität: Deutscher
Fritz Haber war ein kleiner und spitzer Mann mit einem
kleinen, spitzen Bärtchen. Auf Fotos ist er immer muster-
gültig gekleidet. Der Sohn eines Kaufmanns widmete sein
Leben der Chemie und dem Dienst an seinem Land. Ja –
Fritz war eine deutsche Geheimwaffe.

Vor dem Ersten Weltkrieg (1914–1918) erfand Fritz eine
neue Methode, um einen Stoff namens Ammoniak herzustellen. Das hatte gute und böse Folgen.

Die gute Nachricht: Mit Ammoniak wurden erschwingli-
che Düngemittel hergestellt. Das war eine feine Sache beim
Anbau von Pflanzen.

Die schlechte Nachricht: Es wurden Sprengstoffe damit
hergestellt. Eine feine Sache um Leute in die Luft zu jagen.

78

Am Ende verloren die Deutschen den Krieg. Das Land war zerstört und beinahe pleite. Da hatte Fritz noch eine tolle Idee.

Fritz im Goldrausch

Wenn du ein paar Milliarden Mark brauchst, dann reicht es nicht, am Samstag mal Papis Auto zu waschen. Geh lieber Gold suchen! Im Meer gibt es Gold – Millionen Tonnen gelber Klunker! Überleg mal: 71 % der Erde sind mit Ozeanen bedeckt, in denen sich 97 % der Wasservorkommen befinden. Und dann stell dir vor: Millionen von Bächen waschen das Gold aus Felsen und Spalten, und die Flüsse schwemmen es dann ins Meer!

Allerdings gibt es da ein kleines Problem. Das Gold tritt in winzig kleinen Körnchen auf. Die verstecken sich in Billiarden von Tonnen Wasser, Salz und den etwa siebzig anderen Elementen, die sich noch im Meer herumtreiben.

In den vergangenen fünfzig Jahren haben über fünfzig Wissenschaftler Methoden ausgetüftelt, um an das Gold zu kommen. Und ALLE scheiterten.

Doch Fritz und seine Forscherkollegen wollten es unbedingt auch versuchen. Also charterten sie einen Luxusdampfer namens Hansa und machten sich auf die Suche nach goldhaltigem Meerwasser. Sie hatten vor, das Wasser verdampfen zu lassen, um dann mithilfe bestimmter Chemikalien das Gold von den übrigen Stoffen zu trennen.

Doch nach acht Jahren und drei Reisen gaben sie auf. Und warum? Ganz einfach: Wenn du eine Milliarde Eimer

Meerwasser untersuchst, findest du nur in 40 davon Spuren von Gold – wenn du GLÜCK hast! Es gibt zwar massenhaft Gold im Meer – aber noch viel mehr Wasser! Und das bisschen Gold, das du vielleicht findest, ist die Mühe nicht wert.

Wir werden noch von Fritz hören. Er taucht im nächsten Kapitel auf ziemlich abstoßende Weise noch mal auf.

Geniale Gase!

Ohne Gase geht gar nichts. Ohne Gas bleibt uns die Luft weg und die Ballons fallen vom Himmel. Gase sind ein Teufelszeug – besonders wenn sie Menschen vergiften oder in die Luft gehen! Aber sie sind auch interessant. Manchmal sind sie sogar komisch – nimm zum Beispiel das Stickstoffoxid, besser bekannt als Lachgas.

... meine Katze wurde überfahren

... das Auto wurde gestohlen

... und unser Haus ist abgebrannt!

Kleiner Gas-Steckbrief

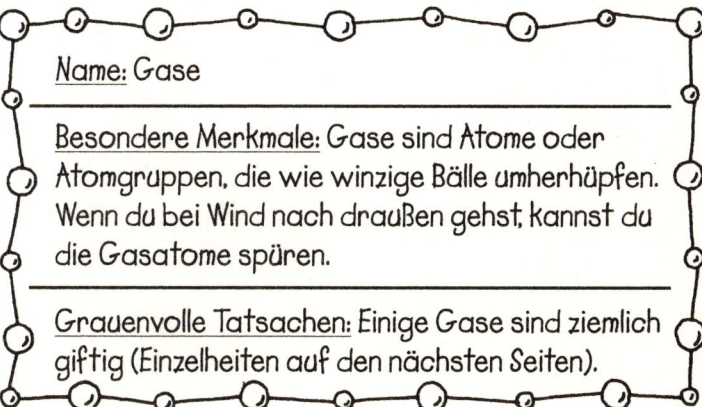

Name: Gase

Besondere Merkmale: Gase sind Atome oder Atomgruppen, die wie winzige Bälle umherhüpfen. Wenn du bei Wind nach draußen gehst, kannst du die Gasatome spüren.

Grauenvolle Tatsachen: Einige Gase sind ziemlich giftig (Einzelheiten auf den nächsten Seiten).

Stinkbomben

Einige Chemiker haben wohl keinen besonders guten Geruchssinn. Sonst würden sie wohl kaum so viele stinkige Mixturen herstellen. Jeder Geruch wird von Gasmolekülen erzeugt, die sich in der Luft verteilen. Du könntest auch mal einen kleinen Mief fabrizieren mit der …

Es gibt 17 000 bekannte Gerüche, aber die schlimmsten sind Äthanthiol und Butylselenthiol. Die beiden riechen wie vergammelter Weißkohl, Knoblauch, Zwiebeln, verbrannter Toast und Kloake zusammen genommen! Uahh!
Aber wenn du mehr Duft fürs Geld willst, gibt es immer noch das Aldehyd Vanillin. Dieser Stoff wird im Labor hergestellt und duftet nach Vanille. Ja, er riecht so stark, dass nur drei zehntausendstel Gramm davon ausreichen, eine Sporthalle vollständig einzunebeln. Der Geschmack in deinem Vanilleeis ist hoffentlich etwas zarter dosiert.

Entdecke ... die Welt der Gase

1. Wie hart ist Luft?
Du brauchst:
einen Luftballon
Jetzt musst du nur noch:
1. Den Ballon aufblasen und zuknoten.
2. Den Ballon drücken.
Was geschieht?
a) Je stärker du drückst, desto härter wird der Ballon.
b) Je stärker du drückst, desto weicher wird der Ballon.
c) Der Ballon verändert sich nicht.

2. Gas-Fabrik
Du brauchst:
eine Flasche mit engem Hals, zur Hälfte mit Wasser gefüllt
einen Luftballon
2 Alka-Seltzer-Tabletten
Jetzt musst du nur noch:
1. Den Ballon aufblasen und wieder ein bisschen Luft ablassen, damit er weicher wird.
2. Die Flasche quer auf den Tisch legen und die Tabletten in den Flaschenhals geben.
3. Das Mundstück des Luftallons über den Flaschenhals ziehen.
4. Die Flasche aufstellen, damit die Tabletten ins Wasser fallen.

Was geschieht?
a) Der Ballon wird in die Flasche gezogen.
b) Es gibt eine kleine Explosion.
c) Der Ballon wird geringfügig aufgeblasen.

3. Das zischt!

Du brauchst:
eine Flasche Mineralwasser oder Limonade
Jetzt musst du nur noch:
Die Flasche zwei Minuten lang kräftig schütteln. Dann
kannst du die Flasche langsam öffnen und beobachten, was
geschieht.
a) Nichts.
b) Es gibt eine Unmenge Bläschen; Gas entweicht.
c) Bläschen sinken zum Flaschenboden.

Antworten: 1. a) Milliarden von Gasatomen werden zusammengequetscht. Je stärker du zudrückst, desto stärker ist der Gegendruck der Atome! 2. c) Die Tabletten reagieren mit Wasser zu Kohlendioxid. Die Moleküle dieses Gases bestehen aus einem Kohlenstoff- und zwei Sauerstoffatomen. 3. b) Bei den Bläschen handelt es sich um Kohlendioxid. Das Gas löst sich unter Druck im Wasser auf. Wenn man die Flasche öffnet, vermindert sich der Druck, und es bilden sich Bläschen.

Schon gewusst?
Wenn Tiefseetaucher wieder zur Oberfläche steigen, bilden sich (Stickstoff-)Bläschen im Blut (ähnlich wie im dritten Versuch). Diese „Taucherkrankheit" kann tödlich ausgehen. Deshalb muss der Druck beim Auftauchen unbedingt langsam vermindert werden.

Tolles Gas!

Luft besteht vorwiegend aus Stickstoff. Einige Pflanzen brauchen ihn zum Wachsen; für uns Menschen spielt er keine große Rolle. Aber der Sauerstoff und das Kohlendioxid sollten wir uns mal näher anschauen.

Topstars der Chemie

Joseph Priestley (1733–1804). Nationalität: Brite
Priestleys Freund Sir Humphry Davy sagte:

Kein Mensch hat jemals zuvor so viele neue und interessante Stoffe entdeckt!

Joe sprach neun Sprachen, war jedoch eine Null in Mathe. Ende des 18. Jahrhunderts kritisierte Priestley die Regierung. Daraufhin zerstörten ihm ein paar Schurken das Labor. Versuch mal das Ergebnis eines seiner berühmtesten Experimente zu erklären.

Jede Menge heiße Luft

1. Im Jahr 1674 setzte John Mayow eine Kerze und eine Maus in ein Glas.

2. Die Maus wurde bewusstlos, und die Kerze ging aus.

3. Im Jahr 1771 ließ Priestley eine Kerze im Glas herunterbrennen, bis die Flamme ausging. Dann gab er ein Minzezweiglein ins Glas.

4. Die Pflanze blieb frisch.

5. Einige Monate später setzte Priestley die Maus dazu. Dieses Mal blieb sie bei Bewusstsein.

6. Schließlich fügte der Forscher die Kerze hinzu. Die Kerze brannte normal, die Pflanze blieb frisch und die Maus bei Bewusstsein.

Wie lassen sich die Ergebnisse erklären?

a) Die Maus produzierte ein Gas, das die Pflanze verbrauchte. Die Kerze verbrauchte dieses Gas ebenfalls.

b) Die Pflanze verbrauchte ein Gas, das die Kerze produzierte, und erzeugte ihrerseits ein anderes Gas, das die Maus verbrauchte.

c) Die Kerze produzierte ein Gas, das sowohl die Maus als auch die Pflanze verbrauchten.

Antwort: **b)** Die Pflanze verbrauchte das Kohlendioxid, das der Maus das Bewusstsein .geraubt hätte, und produzierte Sauerstoff, den die Maus einatmete.

1774 erwärmte Priestley Quecksilberoxid und erhielt ein farb- und geruchloses Gas. Er gab dieses Gas in ein Glas und setzte die Maus hinein. Die Maus schien glücklich und zufrieden. Also schnüffelte Priestley am Glas.

Um welches Gas handelte es sich?

a) Um das Gas, das Pflanzen produzieren.

b) Um das Gas, das eine Kerze produziert.

c) Um das Gas, das die Maus produziert.

Antwort: a) Nämlich: Sauerstoff. Der Name stammt von Priestleys Freund Lavoisier – genau: der, der später auf dem Schafott landete. Lavoisier fand auch heraus, dass die Kerze das gleiche Gas produzierte wie die Maus, wenn sie ausatmete: Kohlendioxid.

Schon gewusst?

Joseph Priestley erfand Limonade. Er bastelte aus einem Waschzuber und ein paar Gläsern eine Maschine und ließ Kohlendioxid durchs Wasser blubbern. Das Wasser sprudelte; für den Geschmack sorgten Fruchtsäfte. Doch Priestley bewahrte das Gas in einer Schweineblase auf, und manche Leute meinten ein „Schweine-Aroma" aus seinen Drinks herauszuschmecken.

Fangfrage für deinen Lehrer

Wer entdeckte den Sauerstoff – Priestley oder Lavoisier?

Antwort: Keiner von beiden. Der Sauerstoff wurde ein paar Jahre zuvor von dem schwedischen Forscher Karl Scheele entdeckt.

Topstars der Chemie

Karl Scheele (1746–1786). Nationalität: Schwede
Karl Scheele entdeckte einige neue Elemente, unter anderem Sauerstoff, Chlor und Stickstoff. Doch viel Glück hat ihm das nicht gebracht. Aufgrund misslicher Umstände erschien das Buch über seine Forschungen erst nach 28 Jah-

ren! In der Zwischenzeit hatten andere Chemiker die gleichen Elemente entdeckt. Noch schlimmer: Scheele starb an einer Vergiftung durch einen Stoff, als dessen Entdecker er nie anerkannt wurde.

Eine Wahnsinns-Maschine

Derweil untersuchte Lavoisier den Wasserstoff. Dieses Gas eignet sich ideal zum Füllen von Ballons, weil es leichter ist als Luft und daher aufsteigt. Aber es gab ein Problem – Wasserstoff brennt leicht. Im Jahr 1785 testete der französische Ballonpionier Pilâtre des Roziers dieses Chaos-Gerät. Rate, was geschah!

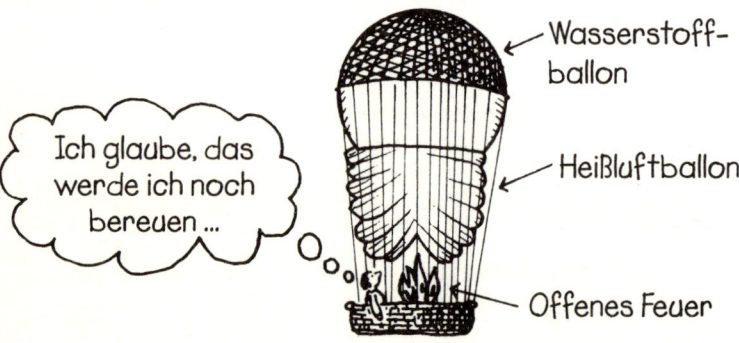

Antwort: Der Wasserstoffballon fing Feuer und explodierte. Der tollkühne Ballonfahrer wurde getötet.

Ein komisches Gas

Sir Humphry Davy (1778–1829) war 19, als er das Lachgas – oder Stickstoffmonoxid, wie es die Chemiker nennen – entdeckte. Er fand das Gas irgendwie komisch, als er daran roch. Und er fühlte sich so gut, dass er in stürmisches Gelächter ausbrach.

Lachgas-Revuen entwickelten sich zu einer beliebten Art der Unterhaltung. Man sah den Leuten zu, wie sie an dem Gas schnüffelten und sich dann zum Narren machten. Im Jahr 1839 beschrieb ein Chemiker, was geschah, wenn die Leute das Gas aus Schweinsblasen einatmeten:

Einige hüpften über Tische und Stühle, andere verspürten Lust, eine Rede zu halten, wieder anderen war nach Kämpfen zumute ... Was das Lachen angeht, so glaube ich, dass es sich auf die Zuschauer beschränkte.

Und außerdem verspürten Menschen unter dem Einfluss des Gases offenbar keine Schmerzen.

Das haut dich um!

Der amerikanische Zahnarzt Horace Wells (1815–1848) versuchte erfolglos, seine Patienten bei Operationen mit

89

Lachgas zu betäuben. Später wurde er verrückt und brachte sich um. Unterdessen stellte sein ehemaliger Partner William T. Morton, stolzer Besitzer einer Fabrik für künstliche Zähne, Experimente mit einem anderen Stoff an – Äther. Mortons Berater war ein Professor namens Charles Jackson; Morton probierte das Gas erst an seinem Hund, dann an sich selbst aus. (Ob er wohl mitgekriegt hat, wie er sich selbst betäubt hat?) Dann kam der erste Versuch an einem Patienten. Es funktionierte! Leider hat diese Geschichte trotzdem ein unerfreuliches Ende …

Äther ist sehr billig und leicht herzustellen. Um mehr Geld herauszuschlagen behauptete Morton, er habe eine neue Substanz erfunden. Er färbte den Äther rosa und fügte Aromastoffe hinzu, damit ihn keiner wieder erkannte. Dann verkaufte er die Flaschen zu horrenden Preisen an die Ärzte. Aber die Sache flog auf, und mit dem blühenden Geschäft war's vorbei.

Morton und Charles Jackson begannen darüber zu streiten, wer nun den Äther entdeckt hatte. Eines Tages las Morton einen Zeitschriftenartikel, der Jackson die Entdeckung zuschrieb. Morton war so sauer, dass er einen Anfall bekam und starb.

Auch Jackson benahm sich reichlich seltsam. Nach einem Besuch an Mortons Grab wurde er verrückt und musste eingesperrt werden.

In den letzten fünfzig Jahren ist Lachgas wieder in Mode gekommen. Es wurde häufig verwendet um Patienten vor einer Operation zu betäuben. Horace Wells hatte also am Ende doch Recht – wer zuletzt lacht …

Und wenn dir diese Geschichte schon ziemlich stinkt, dann warte, bis dir die folgenden ekelhaften Gerüche in die Nase steigen …

Hitparade der abscheulichsten Gase

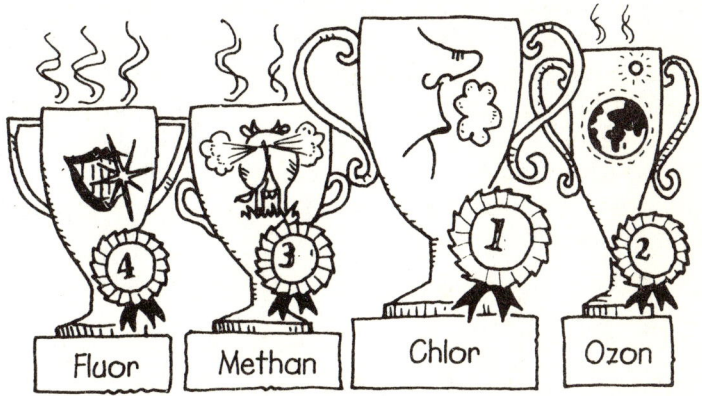

Vierter Platz: Fluor
Fünf Wissenschaftler versuchten dieses Gas herzustellen – alle vergifteten sich. Schließlich hatte der französische Forscher Henri Moissan (1852–1907) Erfolg, weil er eine Platinausrüstung verwendete. Platin ist eines der wenigen Materialien, das vom Fluor nicht zersetzt wird.

Das Fluor in unseren Zahncremes ist natürlich ganz niedrig dosiert. Wie jeder weiß, schützt es die Zähne vor Karies. Das ist gut und schön – aber zu viel Fluor macht die Zähne fleckig!

Dritter Platz: Methan
Dies Gas, das in den Mooren blubbert, verbrennt mit bläulicher Flamme (erscheint uns dann als Irrlicht). Methan fin-

det sich in Rinder- (und Menschen-)Fürzen – und in dem Gas, das wir zum Kochen verwenden. Echt wahr!

Zweiter Platz: Ozon

Die Gasmoleküle des Ozons werden von drei Sauerstoffatomen gebildet. Sie riechen nach frisch gemähtem ·Heu und wurden entdeckt, als ein Forscher in seinem Labor einen eigenartigen Geruch wahrnahm.

Ozon tötet Keime. Es tötet auch Menschen, wenn sie zu viel davon einatmen. Zum Glück befindet sich das meiste Ozon 25 Kilometer hoch in der Atmosphäre, wo es eine nützliche Schutzschicht gegen die schädlichen Strahlen der Sonne bildet.

Erster Platz: Chlor

Die Luftverschmutzung durch Gase, die Chlor enthalten, hat ein Loch in die Ozonschicht über der Antarktis gerissen. Das Loch ist so tief wie der Mount Everest und so groß wie Nordamerika, und es wächst und wächst.

Doch dieses scheußliche, gelblich grüne Gas namens Chlor bereitet schon seit Jahrhunderten Probleme. Vor über 600 Jahren ließ ein Alchemist Chlor durch Wasser blubbern und behauptete, es eigne sich für Salatsoßen. FALSCH. Chlor ist entsetzlich giftig.

92

Im Ersten Weltkrieg entwickelte der deutsche Wissenschaftler Fritz Haber mit Chlorgas eine fürchterliche
Kriegswaffe …

Gaskrieg

„Erzähl mir davon!", drängte Billy.

Arthur McAllsop zog im kalten Nieselregen die Schul-
tern hoch und schüttelte den Kopf. „Ich hab es dir gesagt,
mein Sohn – das ist keine schöne Geschichte."

„Du hast gesagt, du würdest dich um mich kümmern."

„Ja, allerdings. Hör zu, mein Sohn, lass nur den Kopf unten, dann passiert dir nichts."

„Ich muss es aber wissen. Kann ja nicht so schlimm gewesen sein – du bist ja schließlich noch hier, oder?"

Ein Leuchten durchschnitt das Dunkel. Billy blinzelte in
den unerwartet aufblitzenden Lichtstrahl. Er sah so jung
aus – sechzehn. Hatte wohl ein falsches Alter angegeben.

Arthur seufzte. „Wir waren in der Nähe von Ypres. Du hast
sicher von den Kämpfen gehört, die es 1915 dort gab.
Also, es war ein ruhiger Tag, für April recht warm. Wir tran-
ken gerade eine Tasse Tee, als es geschah."

„Was geschah?", fragte Billy.

„Gas", sagte Arthur. „Ein Gasangriff. Es war, als wälze
sich ein gelber Nebelteppich auf uns herab. Tja, zum Glück
wehte der Wind das Schlimmste weg. Wir hatten damals
keine Gasmasken."

„Hattest du Vergiftungen?"

„Nicht so schlimm. Ich hatte schreckliche Halsschmerzen und musste dauernd husten. Aber ich hatte Glück."

„In jener Nacht goss es in Strömen. Das Artilleriefeuer riss nicht ab. Keine Sekunde lang. Chaos. Man verstand sein eigenes Wort nicht. Als wir unsere Linie verließen, sah es fürchterlich aus. Das Gas hatte das Gras gelb gefärbt. In den Bäumen gab es keine Vögel mehr."

Billy und Arthur schwiegen lange. Es war eine ruhige Nacht, und wenn man genau horchte, konnte man Stimmen aus den gegnerischen Gräben hören. Befehle in einer fremden Sprache. Dann gab es einen Gewehrknall und das Zischen einer verirrten Kugel.

„Arthur, glaubst du, dass sie uns mit Gas angreifen?"

Beide Männer schnüffelten. Der Graben roch nach modriger Erde.

„Nein, Billy, uns wird nichts passieren. Sie füllen das Gas jetzt in Granaten. Die gehen nicht in die Luft, die machen nur plumps! Wenn du einen Plumps hörst, setzt du also besser ganz schnell deine Gasmaske auf."

Es wurde langsam hell, und eine kühle Morgenbrise ließ den Stacheldraht zittern. Bald würde die Bereitschaft beginnen – dann konnten sie frühstücken.

Die Soldaten hörten die Granate näher kommen. Sie pfiff durch die Luft wie eine Lokomotive, die lauter und lauter wird. Sie duckten sich beide und zogen instinktiv den Kopf ein.

Und warteten auf den Knall, der nicht kam. Stattdessen versank die Granate mitten im Niemandsland mit einem sanften Plumps im Matsch.

Billy wurde blass.

„Gas", rief er mit erstickter Stimme. „GAS!"

Sekundenschnell erreichte das Wort die gesamte Linie. Halb wache Soldaten fummelten stöhnend und fluchend mit den unhandlichen Gasmasken herum, die sie um den Hals trugen.

Nur einer tat gar nichts. Einer, der bereits die schlimmsten Gasangriffe erlebt hatte und wusste, wovon er sprach.

„Halb so schlimm, Billy!", rief Arthur McAllsop. „Das ist ein Blindgänger. Gasgranaten pfeifen nicht!"

Schon gewusst?
1. Im Ersten Weltkrieg wurden von Deutschen und Briten mehr als 125 000 Tonnen Gas eingesetzt.
2. Die ersten Gasmasken waren Gewehrreinigungstücher, die in Urin getaucht wurden. Das Wasser im Urin sollte das Gas aufnehmen. Igitt!
3. Schließlich erhielten die Soldaten Gasmasken, in denen mehrere Holzkohleschichten das Gas absorbierten.
4. Im Jahr 1975 übernahm Dr. Buddy Lapidus diese Idee für seine geruchsfressenden Einlegesohlen. Wie eine kleine Gasmaske beseitigt die Holzkohle den Mief von Stinkfüßen.

Doch nicht nur Gase können tödlich wirken. Auch aus Metallen lassen sich mörderische Waffen herstellen.

Horrorkabinett der Mörder-Metalle

Was ist hart, glänzt und hüpft nicht, wenn es auf den Boden fällt? Nein, es ist nicht der Glatzkopf deines Lehrers – auch wenn er's sein könnte –, sondern ein Metall! Wo wären wir ohne Metalle? Meine Güte, was für ein Chaos! Wir hätten keine Münzen, Autos und Computer. Allerdings hätten wir auch ein paar mörderische Waffen weniger. Nun zu den Fakten …

Kleiner Steckbrief der Metalle

Name: Metalle

Besondere Merkmale: In einem Metall sind die Atome nicht wirklich miteinander verbunden – sie sind von einer Menge Elektronen umgeben. Dadurch lassen sich Metalle biegen und zu Draht auseinanderziehen.

Grauenvolle Tatsachen: Ein paar Metalle haben schauderhafte Marotten. Rubidium und Caesium z. B. muss man von Wasser fern halten, damit sie nicht explodieren!

Schirm oder Leben!!!

RUBIDIUM
CAESIUM

Aber Metalle bergen auch verblüffende Geheimnisse!

Fantastische Fakten zum Metall

1. Einige Metalle schwimmen auf Wasser – Natrium zum Beispiel, das aber bald mit dem Wasser zu Natriumhydroxid reagiert.

2. Quecksilber ist ein Metall, das bei Raumtemperatur flüssig ist! Früher füllte man Quecksilber in Thermometer. Bei steigender Temperatur dehnt es sich aus und klettert die Skala hinauf. Stell dir vor – in Russland froren eines Winters die Thermometer alle bei –38 °C ein!

3. Gallium schmilzt so leicht, dass es sich schon in deiner Hand in eine schmierige Pfütze verwandelt.

4. Tantalum ist ein seltenes graues Metall. Man stellt daraus Plättchen her, mit denen Löcher in der Schädeldecke geschlossen werden.

5. Heutzutage ist Platin wertvoller als Gold. Im sechzehnten Jahrhundert fürchtete die spanische Regierung, dass aus dem Metall falsche Münzen hergestellt werden könnten. Daher versenkte sie die gesamten Reserven im Meer.

6. Im Jahr 1800 entwickelte William H. Wollaston (1766–1828) eine Methode, Platin in lange Fäden umzuwandeln und ihm so neue Formen zu verleihen. Der clevere Chemiker schwamm in dem Geld, das ihm seine Erfindung einbrachte, und wachte darüber, dass kein anderer darauf kam. Das Geheimnis wurde erst nach seinem Tod gelüftet. Nun – da brauchte er das Geld ja nicht mehr!

7. Titan schmilzt nicht so leicht. Man verwendet es für schnelle Flugzeuge, deren Flügel sehr heiß werden, weil die Luftmoleküle bei hoher Geschwindigkeit Reibung verursachen.

8. Wissenschaftler haben schon angeregt künstliche Beine aus Titan anzufertigen. Zumindest geben die in der Sonnenhitze nicht nach!

Sensation Silber

Silber ist so weit verbreitet, dass man glauben möchte, kein anderes Element sei so nützlich. Welche der folgenden Werbeanzeigen ist zu dämlich um wahr zu sein?

a Haben Sie Gliederschmerzen? Greifen Sie zu Silberpillen. Heilung garantiert.

b Ausgeleierte Fingergelenke? Ersetzen Sie sie durch dieses herrliche Silberset.

c Düsentriebwerk zu verkaufen – einige Bauteile aus massivem Silber.

d Probleme mit Keimen? Ein Wassertank aus Silber tötet Keime ab und hält Ihr Wasser länger frisch.

e Sonnenkollektoren aus Silber! Schlagen Sie sich auf die sonnige Seite des Lebens.

f Brandwunden? Unsere Silberlotion lindert den Schmerz – garantiert!

Antworten: Alle bis auf b) sind RICHTIG!

Aluminium in allen Lebenslagen

Abgesehen vom Silber ist Aluminium das nützlichste Metall, das der Mensch kennt. Doch früher war die Herstellung von Aluminium außergewöhnlich aufwändig und teuer. Der französische Kaiser Napoleon III. besaß Besteck und eine Babyrassel aus Aluminium – nur um mit seinem Reichtum zu protzen!

Topstars der Chemie
Charles M. Hall (1863–1914). Nationalität: Amerikaner
Paul L.T. Héroult (1863–1914). Nationalität: Franzose
Eines Tages sagte Charlies Lehrer:

Der junge Draufgänger beschloss, es zu versuchen. Bald arbeitete er hart an seinem wichtigsten Gerät – einem hässlichen alten Gasofen, der in einer Holzhütte stand.

Kaum zu glauben, aber er schaffte es! Der Kniff ist, aluminiumhaltiges Bauxit in einem Stoff namens Kryolith aufzulösen. Erstaunlich war, dass diese Entdeckung zeitgleich auch von dem Franzosen Paul Héroult gemacht wurde. Beide Forscher waren gleich alt und beide arbeiteten in chaotischen Chemielabors! Und hier kommt das Absonderlichste: Sie wurden nicht nur im gleichen Jahr geboren, sondern starben auch im gleichen Jahr.

Aluminium mag außergewöhnlich sein, doch es hat einfach nicht den …

Glanz des Goldes
Ja – GOLD. Das ist der Stoff, aus dem die Träume sind. Königskronen, Piratenschätze, alte Münzen. Seit tausenden von Jahren streiten, kämpfen und sterben die Menschen, um an das magische Metall heranzukommen.

Katzengold

Sir Martin Frobisher (1537?– 1596) war kein Narr. Der bärbeißige Mann aus Yorkshire (Nordengland) verkörperte den klassischen Entdecker – tapfer, entschlossen und mit allen Wassern gewaschen.

Im Jahr 1576 setzte Frobisher die Segel, um nördlich von Kanada einen Seeweg nach Asien zu finden. Die sagenumwobene Route fand Frobisher zwar nicht, doch in der Eiswüste von Baffin Island machte er eine erstaunliche Entdeckung: Ein Gesteinsklumpen glitzerte in der frostigen Sonne des Nordens. Später bestätigte ein Alchemist in England: „Jawoll – das ist Gold." Und schon setzte das Chaos ein, denn jeder wollte einen Teil abhaben.

Im Jahr darauf kehrte Frobisher mit einer Expedition zur Insel zurück. Die Männer hatten es mit Eisbergen und Stürmen zu tun, die durchaus in der Lage gewesen wären, ein Schiff zu zerfetzen. An Land gab es Eisbären, die so stark waren, dass sie einen Mann mit einem einzigen Prankenschlag töten konnten. Doch das Ergebnis war die Gefahren wert. Mit Pickeln schlugen sie in der Eiseskälte 180 Tonnen Goldgestein heraus. Im darauf folgenden Jahr führte Frobisher eine ganze Armada begeisterter Glücksritter an. Diesmal kehrten die Schiffe mit unglaublichen 1180 Tonnen der glitzernden Beute nach Hause. Sie war ein Vermögen wert – die Abenteurer waren reicher, als sie es sich je erträumt hatten. Dachten sie zumindest …

Dann platzte die Seifenblase. Es gab kein Gold auf Baffin Island. Es handelte sich um Eisenpyrit – ein gewöhnliches Eisenerz aus Eisen und Schwefel, das es überall gibt. Unfreundliche Menschen nannten es Katzengold – oder auch „Narrengold".

Wärst du aufs Eisenpyrit reingefallen? Hier ein paar Tipps, um sicher zu gehen, dass du das richtige Stöffchen erwischst.

Gold suchen – leicht gemacht

1. Gold waschen

Schwenke etwas Sand und Wasser in einer Pfanne. Spüle das Wasser und den oben schwimmenden Sand vorsichtig aus. Das Gold setzt sich in Form von Körnchen oder Nuggets auf dem Pfannenboden ab.

2. Gold prüfen

Reibe mit dem Goldnugget über einen dunklen Stein, den Probierstein. Wenn eine Goldspur zurückbleibt, ist er echt.

3. Gold schürfen

Wenn du dir deine eigene Goldmine graben möchtest, brauchst du viel Zeit. Manche Minen sind viele tausend Meter tief! Grabe also besser nicht in eurem Vorgarten, es sei denn, du bist dir absolut sicher, dass mitten in den Stiefmütterchen eine Goldader der Entdeckung harrt. Unter euren Stiefmütterchen gibt es tatsächlich Gold? Na gut, so kommst du ran:

Goldrausch

1. Du musst zuerst viel Geld für Maschinen ausgeben. Mit gut zwei Millionen Mark solltest du hinkommen.
2. Jetzt zertrümmerst du mit schweren Maschinen tausende Tonnen Gestein. Sieh dir jeden Gesteinsbrocken genau an, damit du nicht aus Versehen Goldnuggets wegwirfst. (Das wäre doch schade …)
3. Dann füllst du die Brocken in eine große Trommel und zerkleinerst sie. (So geht's schneller als mit Mamas Küchenmaschine.)

4. Verrühre das Gesteinspulver mit dem tödlichen Gift Zyanid zu einem schleimigen Brei. (Wenn's geht, nicht im Wohnzimmer!)

5. Lass den Brei stehen, bis er sich gesetzt hat.

6. Füge etwas Zinkstaub hinzu. So trennt sich das Zyanid vom Gold.

7. Schmelze das Gold gemeinsam mit Borax. Borax ist ein Mineral, das unerwünschte Stoffe bindet und obenauf schwimmt. Schöpfe es vorsichtig ab.

8. Noch ein paar Veredelungsschritte und du hast am Ende einen Goldbarren mit 99,6 % Goldgehalt. So einfach geht das!

Nun hast du die Mühen auf dich genommen um an Gold zu kommen. Und was machst du jetzt damit? Es klingt komisch, aber wahrscheinlich landet dein Gold wieder unter der Erde – in der Stahlkammer einer Bank. Da jedenfalls liegt die Hälfte der weltweiten Goldreserven!

Schon gewusst?
Früher verwendete man Gold in Medikamenten gegen die Lungenkrankheit Tuberkulose, doch es vergiftete die Patienten. Ja, Metalle können auch bösartig sein – mörderisch bösartig.

Tödliches Metall

Blei ist gefährlich. Im sechzehnten Jahrhundert benutzten die Frauen weißen Bleipuder um ihren Teint zu veredeln. Innerhalb weniger Jahre ruinierte ihnen das Gift die Haut – die nahm das Blei auf; Folge war eine Blutvergiftung. Weil die Damen nicht wussten, warum es ihrer Haut so schlecht ging, benutzten sie noch mehr Blei um den Schaden zu verbergen.

Arsen ist das giftigste Metall der Welt. Früher verwendete man diesen Stoff für Fliegenfallen. Die Fliegen blieben daran kleben und verendeten, sobald das Arsen wirkte. Leider ist das auch einigen Menschen passiert.

Metalle können allerdings nicht nur in Form von Gift Menschen töten. Mit Metallen lassen sich auch tödliche Waffen herstellen.

Mörderwaffen aus Metall

1. Die ersten Metallwaffen wurden aus Meteoriten hergestellt, die aus dem All auf die Erde fielen.

2. Um 1500 v. Chr. fanden die Menschen heraus, wie man Eisenerz erhitzt und Metall herstellt; es war jedoch noch nicht sehr hart.

3. Damit es richtig hart wird, muss man das Eisen mit anderen Metallen mischen. Um 1200 v. Chr. fügte man zu diesem Zweck zum ersten Mal Kohlenstoff hinzu.

Ein Teil Kohlenstoff

4. Derweil kämpften die Soldaten mit Bronzeschwertern. Die verbogen sich nicht selten in der Schlacht.

Hahaha!

5. Eisenschwerter waren viel härter, schärfer ... und absolut tödlich.

wusch!

Später folgten Geschütze und Kanonen aus Eisen, die Kanonenkugeln aus Eisen abfeuerten. Das zog Chaos auf dem Schlachtfeld nach sich und führte dazu, dass viel Blut vergossen wurde. Übrigens – auch Blut enthält Eisen!

105

Chemiker-Chinesisch

ARGHH!
Diese Eisenoxidhydrate.
Schon wieder $FE_2O_3H_2O$!

Bedeutet das den Untergang der Welt?

Antwort: Nein, ihr Auto hat nur ein paar Rostflecken.

Eine rostige Reaktion

Das Problem mit dem Eisen ist, dass es sich mit Sauerstoffatomen zu Rost verbindet. Jawohl – Rost ist eine Verbindung aus Eisen- und Sauerstoffatomen. Beschleunigt wird das Rosten durch Wasser und Salz. Deshalb fahren jede Menge rostiger alter Kähne über die salzhaltigen Weltmeere. Der Vorgang des Rostens ist natürlich nur eine von vielen chemischen Reaktionen …

Heftige Reaktionen

Was haben Verrosten und Verrotten mit der Fotografie gemeinsam? Na? Sie gründen alle auf chemischen Reaktionen. Aber was genau ist das eigentlich?

Kleiner Steckbrief der Reaktionen

<u>Name:</u> Chemische Reaktionen

<u>Besondere Merkmale:</u> Eine chemische Reaktion findet statt, wenn sich Atome miteinander verbinden – oder wenn sich verbundene Atome wieder aufspalten und neue Stoffe herauskommen.

<u>Grauenvolle Tatsachen:</u> Der Sauerstoff beispielsweise ist nicht nur für Rostflecken verantwortlich. Wenn er lange genug Gelegenheit hatte, mit Butter zu reagieren, wird sie ekelerregend ranzig! Was wiederum zu ziemlich heftigen Reaktionen führen kann ...

würg! spuck!

(Bleibende) Bindungen

Normalerweise prallen Atome, wenn sie zusammenstoßen, voneinander ab. Doch wenn sie schnell sind, kann es passieren, dass sie aneinander hängen bleiben, ehe sie dazu kommen, sich aus dem Staub zu machen. Die Elektronengruppen um den Atomkern entscheiden jetzt, was zu tun ist ...

Manchmal überlässt ein Atom dem anderen freundlich seine Elektronen.

Wenn das geschieht, heftet eine elektrische Kraft die Atome aneinander, als seien sie magnetisch. Man bezeichnet das als Ionenbindung; häufig kommt sie bei Salzen und Mineralen vor.

Manchmal teilen sich die Atome die Elektronen, die dann um beide Atome herumsausen. Wenn sich Atome so verbinden, spricht man von einer kovalenten Bindung.

Solche Bindungen finden sich am ehesten bei Nichtmetallen – häufig bei Gasen oder Flüssigkeiten. Beide Arten der Bindung bringen einen neuen Stoff hervor.

Die Atome stoßen also zusammen und beschließen, sich zu
verbinden. Das klingt ein bisschen nach Zufall, oder? Ist
es aber nicht. Erinnerst du dich an Mendelejew, der im Kapitel über die Elemente (S. 69) Karten spielte? Dank Mendelejews Periodensystem können die Wissenschaftler vo-
raussagen, was geschieht. Es ist ganz einfach. Es hängt nur
von der Zahl der Elektronen ab, die ein Atom besitzt. Falls
du eine starke Abwehrreaktion verspürst, würde ich dir von
diesen Rätseln dringend abraten!

Rätselhafte Reaktionen

Hier sind ein paar Atome, die du für das Rätsel brauchst.

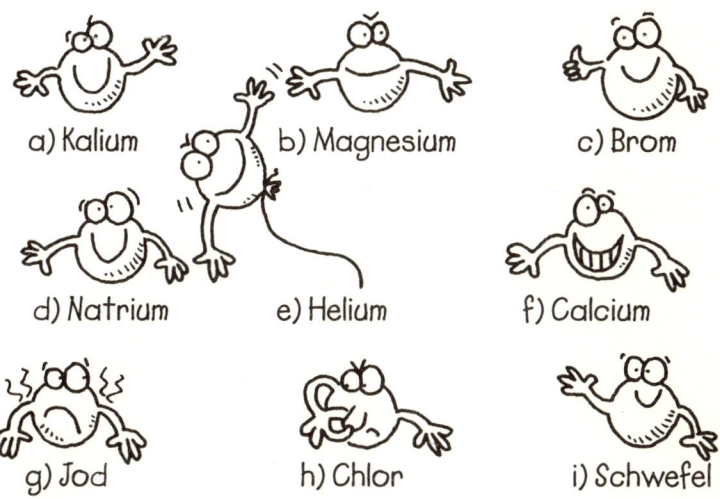

a) Kalium   b) Magnesium   c) Brom

d) Natrium   e) Helium   f) Calcium

g) Jod   h) Chlor   i) Schwefel

109

Erstes Rätsel

Wie viele Elektronen hat das Atom? Lies dir die folgenden Tipps durch und löse dann die Aufgabe für oben genannte Atome.

1. Schwefel hat sechs Elektronen – dreimal so viele Elektronen wie Calcium. Das genügt den beiden, sich zu einem neuen Stoff zu verbinden.

2. Helium besitzt die gleiche Anzahl an Elektronen wie Schwefel und Calcium zusammen.

3. Magnesium hat zweimal so viele Elektronen wie Natrium und Kalium.

4. Natrium und Chlor haben genügend Elektronen um einen Stoff namens Natriumchlorid zu bilden. Das ist Speisesalz.

5. Doch Natrium hat nur halb so viele Elektronen wie Calcium.

6. Die restlichen Atome haben ein Elektron weniger als Helium.

Zweites Rätsel

Damit zwei Stoffe eine Verbindung eingehen können, brauchen sie zusammengenommen acht Elektronen in ihrer Hülle. Welche Atome können sich zu neuen Stoffen zusammentun? Nicht vergessen – sie brauchen zusammen acht Elektronen in ihrer Hülle.

Antworten: Erstes Rätsel a) 1. b) 2. c) 7. d) 1. e) 8. f) 2. g) 7. h) 7. i) 6.
Zweites Rätsel Kalium/Natrium + Brom/Jod/Chlor • Magnesium/Calcium + Schwefel • Helium geht keine Verbindungen ein.

110

Chemiker-Chinesisch

Mein $Cu + AgNO_3$ ist nicht zu $Cu(NO_3)2Ag$ geworden. Buhu!

Ist das tödlich?

Antwort: Nein. Seine Fotos sind nichts geworden.

Mach dir ein Bild!

Du denkst vielleicht, all diese chemischen Reaktionen haben wenig mit dem Alltag zu tun. Weit gefehlt! Beim Fotografieren beispielsweise brauchst du eine chemische Reaktion, damit du dir ein Bild machen kannst!

1. Die ersten Fotografen benutzten ein Papier, das mit lichtempfindlichem Silberchlorid beschichtet war. Die Lichtenergie löste eine Reaktion aus, bei der sich das Silberchlorid schwarz verfärbte.

2. Das Licht war auf dem Foto dunkel, dunkle Stellen hell.

3. Damit das Foto gelang, musste man stillsitzen und warten, bis die chemische Reaktion abgelaufen war. Das konnte Stunden dauern!

4. Leider reagierten die Stoffe bei Licht immer weiter. Man musste also seine Bilder im Dunkeln ansehen!

Was, schon so spät? Sitzen Sie noch eine Stunde still; ich geh derweil essen.

5. Das Problem wurde gelöst, als man einen Stoff fand, der das Silberchlorid wieder von der Fotografie ablöst.
6. Moderne Schwarzweißfilme enthalten schnell reagierende Salze. D. h., man kann auch Bewegungsfotos machen.

7. Einige der Salze sind so empfindlich, dass du von hier eine Flamme auf dem Mond fotografieren könntest.

Reaktionen unter Strom

Eine unglaublich nützliche Reaktionsart ist die Elektrolyse. Sie wurde von Michael Faraday entwickelt.

Topstars der Chemie

Michael Faraday (1791–1867). Nationalität: Brite
Michael hatte eine harte Kindheit. Seine Familie war so arm, dass er nur einmal pro Woche einen Laib Brot erhielt …

Bücher konnte er sich nicht leisten. Er begann sich jedoch für Naturwissenschaften zu interessieren, als er Bücher las, die er für einen Buchhändler binden sollte. Er bat Sir Humphry Davy, ihn als Assistenten zu übernehmen. Davy war gerade bei einem gefährlichen Versuch vorübergehend erblindet. Faraday bekam die Stelle.

Faraday untersuchte den Vorgang der Elektrolyse anhand verschiedener Stoffe. Vereinfacht gesagt funktioniert die

Sache so: Verbindungen mit einer Ionenbindung werden in Wasser gelöst und dann wird Elektrizität hindurchgeschickt. Dadurch werden negativ geladene und positiv geladene Atome zum jeweils entgegengesetzten elektrischen Pol gezogen: Der Ausgangsstoff wird auseinander gerissen!

Schon gewusst?
Eine andere Anwendung der Elektrolyse ist das Galvanisieren. Mit diesem Verfahren kann ein Gegenstand mit einer dünnen Metallschicht überzogen werden. Man versilbert zum Beispiel Schmuck damit. Der Gegenstand wird in das galvanische Bad gehängt, das (unter anderem) Metallverbindungen enthält. Wenn Strom angeschlossen ist, schlagen sich die positiv geladenen Teilchen an dem Gegenstand nieder. Im Jahr 1891 wendete der französische Arzt Dr. Varlot die Technik an um einen toten Körper mit Metall zu überziehen. Im Verlauf dieses grauenhaften Experiments wurde die Leiche in eine ein Millimeter dicke Kupferschicht gehüllt. Anschließend stellte Varlot sein Werk aus. Wetten, dass es ein paar Schock-Reaktionen gab?

Schnelle und langsame Reaktionen

Manche Reaktionen laufen binnen einer Sekunde ab, andere brauchen Millionen von Jahren. Gut für die Chemiker, dass sich viele Reaktionen durch Wärme beschleunigen lassen. Wenn es warm ist, bewegen sich die Atome schneller, sodass sie mehr Gelegenheit haben, miteinander zu reagieren. Umgekehrt lassen sich durch Kälte Reaktionen verzögern. Zum Beispiel kann man, indem man Lebensmittel (oder tote Körper) kühlt, verhindern, dass Verrottungsreaktionen ablaufen.

Erforsche ..., wie man eine Reaktion aufhält

Du brauchst:
einen kleingeschnittenen Apfel, etwas Zitronensaft
Jetzt musst du nur noch:
1. Ein Apfelstückchen ein paar Stunden offen liegen lassen, bis es braun ist. Das liegt an einer Reaktion zwischen Stoffen im Apfel und dem Sauerstoff der Luft, ähnlich wie beim Rosten. Der Apfel beginnt zu verrotten.
2. Etwas Zitronensaft über ein zweites Apfelstückchen träufeln. Was geschieht diesmal?
a) Der Apfel wird schwarz.
b) Der Apfel bleibt unverändert.
c) Der Apfel löst sich auf.

Antwort: **b)** Die Säure im Zitronensaft reagiert mit bestimmten Atomen im Apfel, die ansonsten mit dem Sauerstoff reagieren würden. Auf diese Weise wird der Vorgang der Verrottung hinausgezögert.

Aber Säuren können auch ziemlich schauderhaft sein. Im nächsten Kapitel findest du grässliche Einzelheiten.

115

Schaurige Säuren

Sie lauern in Zitronen und Essig und Teeblättern und Autobatterien. Einige haben Killermoleküle, die andere unschuldige Stoffe einfach zerfetzen. Schaurig, was sie so anrichten. Kannst du den Tatsachen ins Gesicht sehen?

Kleiner Steckbrief der Säuren

Name: Säuren

Besondere Merkmale: Wenn du eine Säure in Wasser gibst, spaltet sie sich auf und produziert Wasserstoffatome. Diese Atome haben eine starke elektrische Ladung und reißen andere Moleküle in Stücke!

Grauenvolle Tatsachen: Säuren schmecken sauer und einige stinken gewaltig. Manche sind so stark, dass sie einen Menschen zersetzen können!

Doch nicht jede Säure ist so grässlich. Manche sind sogar ganz nützlich.

Nützliche Säuren

1. Aminosäuren sind Moleküle, die sich zu Proteinen verbinden. Dein Körper besteht zu einem guten Teil aus Proteinen.

2. Vitamin C heißt auch Ascorbinsäure. Dieser überaus nützliche Stoff findet sich zum Beispiel in frischem Obst.

116

Vitamin C hilft unter anderem bei Erkältung und verhindert die tödliche Krankheit Skorbut. Das lebenswichtige Vitamin wurde von zwei Wissenschaftlern entdeckt. Den Rest ihres Lebens stritten sie darüber, wer der Erste war.

3. Magst du Orangen- oder Zitronensaft? Da ist Säure drin – die Zitronensäure gibt dem Saft seinen Geschmack.
4. Alginsäure kommt in Algen vor. Mit ihrer Hilfe lassen sich Kuchen feucht halten, und in Verbänden stoppt sie die Blutung. In der Eiskrem verhindert sie, dass sich die Zutaten aufspalten. Erzähl doch mal deiner Freundin, dass ihr Schokoladeneis Algen enthält!

5. Aus Salicylsäure wird Aspirin hergestellt. Ja – das Wunderschmerzmittel ist eine Säure. Man fand sie zuerst in Weidenrinde: Die Leute kauten die Rinde um ihr Fieber zu senken. Probier's nicht aus – es schmeckt scheußlich.
6. Früher wurde Leder mit Hilfe von wunderbar nützlichen Säuren gemacht. Diese Gerbsäuren aus der Rinde des Ahorns oder des giftigen Schierlings töten die Keime ab, die die Tierhaut verrotten lassen. Solche Säuren finden sich

auch in vielen Substanzen, zum Beispiel in einer Tasse Tee. Zum Glück sind sie da ungefährlich.

Im Gegensatz dazu sind andere Säuren nutzlos.

Saurer Regen

Was haben folgende Orte gemeinsam: die Akropolis in Athen, der Kölner Dom und das Lincoln Memorial in Washington? Sie lösen sich auf ... wegen des REGENS! Industrie und Autoverkehr pusten Schwefeldioxid in die Luft. Das macht den Regen sauer. Im Jahr 1974 fiel in Schottland Regen, der so sauer war wie Zitronensaft. Die Leute haben verständlicherweise ziemlich sauer reagiert.

Verschärft wird das Problem durch Vulkane. Im Jahr 1982 spuckte der El Chichin in Mexiko tausende Tonnen sauren Gases aus!

Saurer Regen frisst an alten und neuen Gebäuden. Selbst deine Schule ist in Gefahr!

Unter Bäumen richtet er wahre Massaker an.

Er spielt auch den Fischen böse mit. Sie wachsen nicht und die Säure zersetzt ihre Knochen!

Menschen zersetzt der saure Regen glücklicherweise nicht. Allerdings kann er ihre Haare grün färben. Er reagiert mit dem Kupfer in den Wasserleitungen zu Kupfersulphat, und das wiederum bringt diese interessante Tönung hervor!

Chemiker-Chinesisch

Ich habe kein CH_3COOH mehr!

Ich brauche eine vierprozentige Essigsäurelösung!

Was haben die beiden für ein Problem?

Antwort: Der Salat-Essig ist ausgegangen.

Erforsche ... ein paar leichte Lösungen

Knochen auflösen
Du brauchst:
einen Knochen ohne Risse; mach dir keine Umstände – ein Hühnchenknochen tut's.
Essig
Jetzt musst du nur noch:
Den Knochen in Essig legen und zwölf Stunden stehen lassen. Was fällt dir am Knochen auf?

a) Er hat sich grün verfärbt.
b) Er ist jetzt biegsam.
c) Er ist nur noch halb so groß wie zuvor.

Antwort: b) Das Calcium im Knochen wurde von der Säure zersetzt.

Saure Geheimnisse
Du brauchst:
15 Tropfen Zitronensaft
ein Glas Milch
Jetzt musst du nur noch:
Die Zutaten verrühren.
Was geschieht?
a) Die Milch wird blassblau.
b) Die Milch verbreitet einen
scheußlichen Geruch.
c) Die Milch wird dick.

Antwort: c) Die Milch gerinnt, weil ihre Moleküle von der Säure des Zitronensaftes aufgespalten werden.

Ei in der Flasche
Du brauchst:
ein frisches Ei, Essig, ein Glas
eine Flasche mit weitem Hals
Jetzt musst du nur noch:
1. Das Ei zwei Tage lang in Essig
einlegen. Das Ei sieht dann unverändert aus, aber die Schale ist dünner und weicher.
2. Das Ei vorsichtig durch den Flaschenhals schieben. Zeig es deinen
Freunden und lass sie raten, wie du das wohl gemacht hast.

Antwort: Die Säure im Essig hat einen Teil des Calciums in der Eierschale zersetzt.

Schaurige Schwefelsäure

Sie ist ölig, farblos und verwandelt alles in Matsch. Es ist Schwefelsäure – ein Stoff, der so stark ist, dass man ihn erst stark verdünnen muss, ehe man ihn gefahrlos verwenden kann.

Warum also macht man sich die Mühe, Schwefelsäure herzustellen? Nun, sie hat auch ihren Nutzen. Man kann zum Beispiel Düngemittel daraus machen. Wenn man sie dem Papier beimischt, wird es durchsichtig. Auch Toilettenpapier wird mit Schwefelsäure hergestellt. Zum Glück wird die Säure dann ausgewaschen, sonst könnte es ziemlich unangenehm werden … Doch das ist nicht alles, was die Schwefelsäure kann!

Der Säuretest

Beim Säuretest überprüfst du mit einem speziell behandelten Papierstreifen, dem Lackmuspapier, den Säuregrad einer Lösung. Das Papier verfärbt sich rot, wenn die Lösung sauer ist.

Vor 50 Jahren sollten mit dem Test Lüge oder Wahrheit herausgefunden werden; es ging um Mord! Im Jahr 1949 wurde in England der Geschäftsmann John Haigh des Mordes angeklagt. Er hatte sich seines Opfers auf grässliche

Weise entledigt: Er hatte es in Schwefelsäure gelegt. Haigh hatte vor der Polizei geprahlt, es sei nichts übrig. Er spottete:

> Wie wollt ihr ohne Leiche einen Mord beweisen?

Doch Haigh irrte sich. Die Säure hatte ein paar grausige verräterische Teilchen übriggelassen – und ein komplettes falsches Gebiss. Dieses wurde vom Zahnarzt der ermordeten Frau sofort identifiziert.

> Dieses Grinsen würde ich überall wiedererkennen!

Da gab Haigh zu, dass er fünf weitere Leichen auf die gleiche Weise beseitigt hatte. Er musste sich vor dem Geschworenengericht von Lewes verantworten. Die Geschworenen brauchten nur achtzehn Minuten für die Urteilsfindung. John Haigh wurde hingerichtet.

Horrorkabinett der Säuren

1. Rhabarberblätter enthalten die giftige Dicarbonsäure. Sie vergiftet die hungrigen Raupen, die gern an den Blättern knabbern würden. Zum Glück ist sie nicht im Stamm – dem Teil, den wir essen.

2. Bienengift enthält Säuren, deshalb tut ein Stich weh. Du kannst das Gift mit Natronbicarbonat (doppeltkohlensaurem Natron) neutralisieren, weil diese Substanz alkalisch (eine Base) ist.

3. Gib das gleiche Mittel auf einen Wespenstich – und es brennt höllisch! Das Gift der Wespen ist nämlich alkalisch und nicht sauer! Und wenn du mehr über Basen erfahren willst – hier sind die Fakten.

Steckbrief der Basen

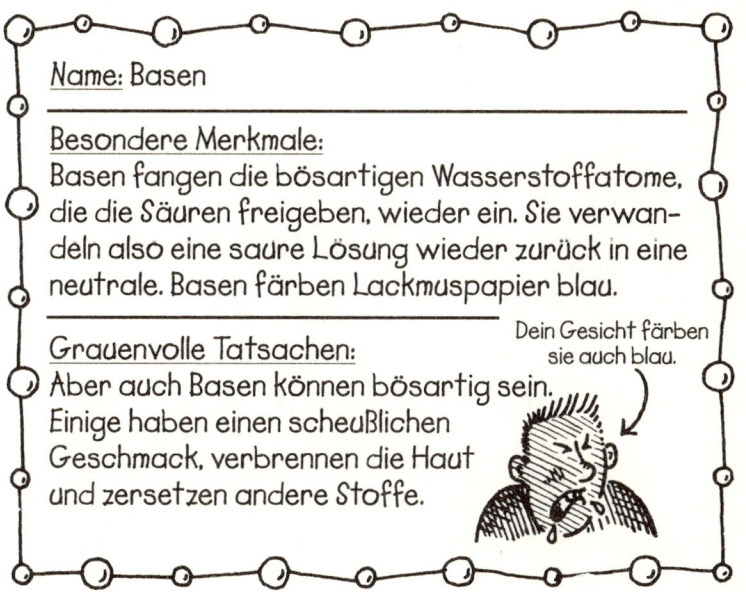

<u>Name:</u> Basen

<u>Besondere Merkmale:</u>
Basen fangen die bösartigen Wasserstoffatome, die die Säuren freigeben, wieder ein. Sie verwandeln also eine saure Lösung wieder zurück in eine neutrale. Basen färben Lackmuspapier blau.

<u>Grauenvolle Tatsachen:</u>
Dein Gesicht färben sie auch blau.
Aber auch Basen können bösartig sein. Einige haben einen scheußlichen Geschmack, verbrennen die Haut und zersetzen andere Stoffe.

Erforsche ... das Geheimnis der Brause

Du brauchst:
50 g Zitronensäurekristalle (gibt's im Lebensmittelladen, bei den Zutaten zum Marmeladekochen)
25 g doppeltkohlensaures Natron (ebenfalls im Lebensmittelladen, „Hausnatron")
175 g Puderzucker
Jetzt musst du nur noch:
Die Zutaten gründlich verrühren.
Nimm etwas davon in den Mund. Was stellst du fest?
a) Die Zunge wird lila.
b) Die Zunge beginnt sich aufzulösen.
c) Es prickelt.

Antwort: c) Der saure Zitronensaft (Säure) und das doppeltkohlensaure Natron (Base) reagieren miteinander; dabei entsteht gasförmiges Kohlendioxid. Wenn du die Brause in einen Saft gibst, sprudelt er.

Salzige Geheimnisse

Wenn du eine Säure mit einer Base vermischst, reagieren sie zu einem … Salz. Ein Salz ist nicht einfach das Zeug, das du über die Pommes frites streust. Wenn du genauer hinsiehst, stellst du fest, dass sich ein Salz aus winzig kleinen, regelmäßig gebauten Formen zusammensetzt; es ist eine Ansammlung von Kristallen.

Das ist wahr!

Komische Kristalle

Hier ist eine Frage, mit der du deinen Lehrer in die Irre führen kannst. Was haben Metalle, Edelsteine, Knochen und Computerchips gemein?

Das ist ein Hammer!

Im Jahr 1781 hatte der französische Forscher René Juste Haüy einen etwas fahrigen Tag. Er ließ einen Calcit-Stein zu Boden fallen. Der zerbrach in gleichmäßig geformte Stückchen. Das faszinierte Haüy, und er zerkleinerte die Stückchen auch noch mal mit dem Hammer. Dadurch entstanden kleinere Bruchstücke, die wieder die gleiche komplizierte Form aufwiesen. Haüy hatte Kristalle vor sich!

Kleine Kristalle

Name: Kristalle

Besondere Merkmale: Kristalle sind Atomgruppen, die in kleinen Kisten übereinander gestapelt sind. Die Kisten ergeben zusammengesetzt größere Kisten der gleichen Form.

Grauenvolle Tatsachen: Viren, die Krankheiten auslösen, können in Kristallform auftreten. Sobald sie in ein Lebewesen gelangen, werden sie aktiv.

Klingt nicht gut!

Lebewesen

Tückisch, tückisch!

Diese Entdeckung machte Wendell M. Stanley (1904–1971). Er infizierte Tabakblätter mit dem Tabakmosaikvirus. Die getrockneten Blätter zerkleinerte er und stellte fest, dass sich der Virus in scheußliche nadelförmige Kristalle verwandelt hatte.

Schon gewusst?
Auch unser ganz normales Haushaltssalz besteht aus Kristallen. Wenn du dir Salz durch das Mikroskop betrachtest, siehst du lauter aufeinander gestapelte Kisten.

Salzige Sachen

1. Salz enthält die Elemente Natrium und Chlor. Beide Elemente allein sind giftig – doch Salz ist überlebenswichtig! (In kleinen Mengen, wohlgemerkt!)

2. Im Mittelalter wurden die Babys in Salzwasser getauft. Das sollte Glück bringen.

127

3. In Frankreich war die unpopuläre Besteuerung von Salz einer der Auslöser für die Französische Revolution.

4. In Teilen Afrikas stellt Salz ein zentrales Problem dar. Wenn Schwemmland austrocknet, bleibt Salz in der Erde zurück und tötet die Pflanzen.
5. Das Tote Meer ist der salzigste Ort der Erde. Es ist so salzig, dass dort keine Fische leben.

Kristall-Quiz

Kristalle erledigen jede Menge wichtiger Jobs, ein paar ihrer Einsatzgebiete sind schier unglaublich. Aber welche sind zu unglaubwürdig um wahr zu sein?

1. Aus Diamanten fertigte man das Fenster eines Raumfahrzeugs für eine Fahrt zur Venus.

2. Aus Diamanten macht man Linsen für Schutzbrillen.

3. Rubine wurden in Lasern verbaut.

4. In Krankenhäusern verwendet man Kristalle zum Abtöten von Keimen.

5. Einige Forscher untersuchen, ob man die Energie, die in den Atomen der Kristalle eingeschlossen ist, für den Antrieb von Raumfahrzeugen verwenden kann.

6. In den ersten Radiogeräten wurden Kristalle verbaut.

Antwort: 1. RICHTIG. Beim Durchtritt durch die Erdatmosphäre kann die Hitze den Diamanten nichts anhaben. 2. FALSCH. 3. RICHTIG. Die Atome in den Kristallen nehmen Energie auf und geben sie in einem gebündelten Lichtstrahl wieder ab. 4. und 5. FALSCH. 6. RICHTIG. Mit Hilfe der Kristalle wurden die elektrischen Ströme im Radio kontrolliert.

Schon gewusst?
Etwas Chrom gibt dem Rubin die rote Farbe und macht aus dem farblosen Mineral Beryll den grünen Smaragd. Die meisten Diamanten (reiner Kohlenstoff) enthalten keine anderen Stoffe; deshalb sind sie farblos.

Härte zehn: Diamanten-Fakten

1. Diamanten bestehen aus Kohlenstoffatomen. Sie entstehen im Erdinnern unter extremer Hitze und hohem Druck.

2. Diamanten sind extrem hart; deshalb eignen sich Diamanten ideal dafür, alle Arten von Metall zu schneiden.

Einen Diamanten findest du auch an der Spitze des Zahnarztbohrers (trau dich mal hinzusehen)!

3. Manchmal spucken Vulkane Edelsteine aus. Deshalb befinden sich die Diamantenminen in vulkanischem Gestein.
4. Es war Lavoisier, der entdeckte, dass Diamanten aus Kohlenstoff bestehen. Mit einem riesigen Vergrößerungsglas bündelte er die heißen Sonnenstrahlen und richtete sie auf einen Diamanten. Plötzlich verpuffte der Edelstein zu Kohlendioxid. Der Kohlenstoff des Gases musste vom Diamanten stammen. Durch die extreme Hitze hatten die Kohlenstoff-Atome mit dem Sauerstoff der Luft reagiert.

5. Wahrscheinlich bestehen Uranus und Neptun zu rund 15 Prozent aus Diamanten. Finde heraus, wie du herankommst, und du bist der reichste Mensch im Sonnensystem.

6. Diamanten sind überaus geheimnisvoll. Es wird dich also kaum überraschen, dass sich so viele Mythen um sie ranken. Aber ACHTUNG – einige Diamanten sind verflucht. Hier ist die unheimlich unheimliche Geschichte eines berühmten Edelsteins ...

Der Fluch des Diamanten
Er war groß und blau – einzigartig schön und wertvoll.

Keiner wusste, woher er kam. Einige raunten, es handle sich um das Auge einer indischen Göttin und sei aus einem Tempel entwendet worden. Und vielleicht war er ja auch verflucht.

Der französische König Ludwig XVI. kaufte den Diamanten, und Königin Marie Antoinette trug ihn. Im Jahr 1793 wurde sie hingerichtet und ihr wertvoller Stein gestohlen.

Im Jahr 1830 wurde der Edelstein in London auf einer Auktion verkauft. Ersteigert wurde er von einem Bankier – Henry Hope. Doch Hope starb mittellos; sein Finanzimperium lag in Trümmern.

Ein junger Prinz erwarb den Diamanten für seine Freundin. Später erschoss er sie.

Ein türkischer Sultan kaufte den Stein. Einige Wochen später musste er seinen Thron abgeben.

Ein reicher Grieche kaufte den Diamanten; er starb, als er mit seinem Auto über eine Klippe fuhr.

Die nächste Eigentümerin war eine amerikanische Millionärin. Ihr Mann wurde wahnsinnig und zwei ihrer Kinder kamen bei tragischen Unfällen ums Leben.

Der nächste Eigentümer überließ ihn klugerweise einem
Museum. Und hier hätte die Geschichte enden müssen.

Doch im Jahr 1962 nahm der Museumsdirektor den Stein
mit auf eine Ausstellung in Paris – in seiner Hosentasche!
Das Flugzeug hatte vier Stunden Verspätung und das Auto
des Mannes wurde in einen Unfall verwickelt. Der Direk-
tor blieb unverletzt; doch er nahm den Stein nie wieder ir-
gendwohin mit.

Diamanten können allerdings auch aus anderen Gründen
Katastrophen heraufbeschwören.

Ein ziemlicher Knacks
Premier-Diamantenmine, Südafrika, 26. Januar 1905
Frederick Wells traute seinen Augen nicht. Eingebettet in
die Felswand der eben ausgehobenen Grube sah er einen
Stein, für den es sich zu sterben lohnte. Ein riesiger Dia-

mant, etwa 500 Gramm schwer – so groß wie die Faust eines Mannes. Außer sich vor Freude scharrte der Minenchef den Diamanten mit seinem Taschenmesser aus dem Fels.

Es war der größte Diamant, der jemals gefunden wurde. Daher kaufte ihn die britische Regierung für 750 000 englische Pfund und schenkte ihn dem König zum Geburtstag.

Der Diamant war aber ungeschliffen. Damit er in ganzer Schönheit erstrahlen konnte, musste man ihn in Stücke spalten und jeden Stein schleifen und polieren.

Also schickte man ihn zu J. Asscher, dem berühmtesten Diamantenschleifer, nach Amsterdam. Monatelang untersuchte Asscher den Edelstein und versuchte herauszufinden, wie er wohl zerspringen würde. Wenn er den richtigen Ansatzpunkt fand, dann entstünden Edelsteine von unschätzbarem Wert. Doch wenn er sich täuschte, würde der Diamant in lauter kleine Splitter zerspringen. Der König konnte alles verlieren – und Asscher ebenso. Sein Geschäft wäre ruiniert, denn niemand würde ihm mehr Diamanten anvertrauen.

Mit klammen Fingern nahm Asscher den Keil zur Hand. An der Stelle, die er für die richtige hielt, brachte er eine kleine Kerbe an. Er ergriff einen Meißel und setzte ihn langsam und gewissenhaft in die Kerbe. Sein Mund war trocken und an seiner Stirn perlten große Schweißtropfen. Seine Hand zitterte heftig, als er zum Hammer griff. Der Augenblick der Wahrheit war gekommen.

Würde der Diamant zersplittern? Oder wäre das Ergebnis von strahlender Perfektion? Die nächsten Sekunden sollte Asscher niemals vergessen.

Sein Schlag traf den Meißel mit ganzer Kraft.

Das Stahlwerkzeug zersprang.

Der Diamant war zu hart.

Asscher wurde ins Krankenhaus gebracht. Er lachte wie ein Verrückter; seine Nerven waren wohl ziemlich ange-knackst – obwohl der Diamant keinen Knacks hatte.

Allein beim Gedanken an den unermesslich wertvollen Diamanten erschauerte er. Doch er war entschlossen, es noch einmal zu versuchen.

Nach wochenlanger Behandlung fühlte sich Asscher gut genug, um wieder zu arbeiten. Schließlich brach der gefürchtete Tag an. Diesmal war ein Arzt zur Stelle, um erste Hilfe zu leisten.

Asscher schloss die Augen und biss die Zähne zusammen. Mit feuchten Händen ergriff er den Meißel.

Dann schlug er zu …

Der Diamant zersprang sauber, genau so wie geplant. Doch Asscher lag reglos am Boden. Er war ohnmächtig!

Der Culinan-Diamant lieferte 105 Steine; herrlich geschliffen und poliert war jeder von ihnen mehrere Millionen Mark wert. Zwei sind Teil der englischen Kronjuwelen. Der schönste und größte Diamant heißt Stern von Afrika und hat einen Ehrenplatz im königlichen Zepter.

Diamanten zum Selbermachen

Es überrascht nicht, dass schon viele Chemiker versucht haben selbst Diamanten herzustellen. Doch meist mit chaotischem Ergebnis. So jagte 1880 der Schotte J. B. Hannay sein Labor in die Luft, nachdem er Kohlenstoff in einem Eisenröhrchen erwärmt hatte.

Henri Moissan, Entdecker des Fluorid, wusste, dass in Meteoriten manchmal Diamanten vorkommen. Daher beschloss er, selbst eine Sternschnuppe zu fabrizieren. Er schmolz einen Eisenbrocken mit Kohlenstoff im Innern, konnte jedoch keine Diamanten entdecken.

Am Ende fanden die Forscher heraus, wie man Diamanten macht. Man muss Graphit unter gewaltigem Druck auf 1500 °C erwärmen. Zunächst bilden sich tausende winziger Kristalle; es dauert eine ganze Woche, bis ein kleiner Diamant entstanden ist.

Erforsche …, wie man Kristalle selber macht

Du brauchst:
ein Becherglas
Salz und warmes Wasser
Lebensmittelfarbe
Jetzt musst du nur noch:
1. Salz und Wasser im Becherglas so lange verrühren, bis sich das Salz auflöst.
2. Die Lebensmittelfarbe hinzufügen.
3. Die Lösung zwei Tage lang an einem warmen, sonnigen Ort stehen lassen. Lehne dich zurück und warte auf eine Reaktion. Was geschieht?
a) Wertvolle Edelsteine haben sich im Becherglas gebildet.
b) Die Lösung verdunstet teilweise und es bilden sich farbige Kristalle.
c) Du kannst mit einem Löffel glänzende Klumpen aus dem Becherglas fischen.

Schon gewusst?

*Buckminsterfulleren ist der Name einer Kohlenstoffform,
die 1985 entdeckt wurde. Sie bringt hohle Kristalle in der
Form eines Fußballs hervor und wurde nach dem ameri-
kanischen Architekten Richard Buckminster-Fuller
(1895–1983) benannt, der mit Hilfe dieser Struktur Kup-
peln für Fabrik- und Ausstellungsgebäude entwarf. Buckminsterfulleren ist ein Bandwurmwort, deshalb kannst du
die Kristalle auch „Buckis" nennen – das ist kürzer.
Buckis sind übrigens ganz und gar nicht selten und exo-
tisch. Du findest sie in ganz gewöhnlichem Ruß.
Durch das nächste Kapitel schwebt übrigens jede Menge
Ruß. Der entsteht bei Verbrennung und bei Explosionen!*

Ich weiß!

138

Ganz schön explosiv!

Verbrennung und Explosion sind alles andere als ungewöhnlich. Es handelt sich schlicht um chemische Reaktionen – die etwas außer Kontrolle geraten sind. Schon seit Jahrhunderten wissen die Menschen, dass Explosion und Verbrennung nützlich sein können. Hier folgt die wahrhaft explosive Geschichte!

Ein heißes Thema

Vor tausenden von Jahren machte einer unserer Vorfahren die größte Entdeckung überhaupt: Feuer. Ohne Feuer wäre dein Mittagessen ziemlich ungenießbar – hartes Gemüse und rohes Fleisch. Es gäbe keine Heizung und keinen Strom, denn diese Energieformen sind auf das Verbrennen von Kohle und Öl angewiesen. Ohne Verhüttung gäbe es keine Metalle (außer Gold). Und deine Schule wäre aus Lehm gebaut, weil man ohne Feuer keine Ziegelsteine und kein Glas machen kann.

Kleiner Steckbrief der Verbrennung

Name: Verbrennung

Besondere Merkmale: Bei der Verbrennung reagiert Sauerstoff mit den Stoffen in der jeweiligen Substanz; es entstehen Wärme und Licht.

Grauenvolle Tatsachen: Auch der menschliche Körper kann verbrannt werden, doch braucht man dazu eine enorme Hitze – mehrere hundert Grad Celsius.

Kein Problem!

Chemiker-Chinesisch

Deine Gesichtshaare durchlaufen eine exothermische gasförmige Reaktion.

Was ist los?

Antwort: Sein Bart brennt.

Erforsche … das Geheimnis der brennenden Zitrone

Du brauchst:
eine halbe Zitrone, eine Tasse, Papier, einen leeren Füller
Jetzt musst du nur noch:
1. Die Zitrone auspressen; gib den Saft in die Tasse.
2. Wasche die Füllfeder und trockne sie ab.

3. Tauche den Füller in den Zitronensaft und schreibe etwas auf ein Blatt Papier.

4. Föne das Papier mit warmer Luft. Die Schrift wird sichtbar. Warum?

a) Die Wärme macht das Papier heller, sodass man die Schrift sehen kann.

b) Die Wärme macht das Papier dunkler, sodass die Schrift sichtbar wird.

c) Die Wärme macht den Zitronensaft dunkler, sodass du ihn sehen kannst.

Antwort: c) Zitronensaft verbrennt bei einer niedrigeren Temperatur als Papier. Das ist sehr nützlich, wenn du Geheimbotschaften verschicken willst.

Fürchterlicher Phosphor

Ein leicht brennbarer Stoff ist der Phosphor. Jahrhundertelang verschrieben die Ärzte diesen giftigen Stoff als Medikament. Sie dachten, er müsse gesund sein, weil er im Dunkeln leuchtet! Dann erfand ein Tüftler die Phosphorstreichhölzer.

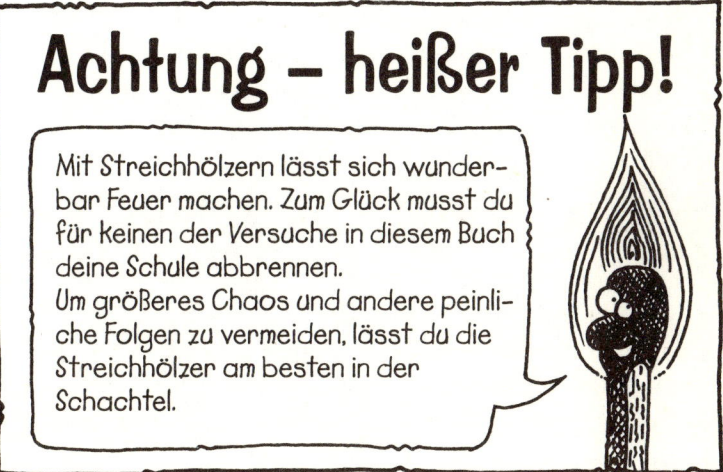

Achtung – heißer Tipp!

Mit Streichhölzern lässt sich wunderbar Feuer machen. Zum Glück musst du für keinen der Versuche in diesem Buch deine Schule abbrennen.
Um größeres Chaos und andere peinliche Folgen zu vermeiden, lässt du die Streichhölzer am besten in der Schachtel.

Gib Zunder!

Im Jahr 1826 verrührte John Walker, ein englischer Chemiker, Kaliumkarbonat und Antimon mit einem Stäbchen. Als er anschließend mit dem Stäbchen über den Boden fuhr um den Materialklecks abzuschaben, fing es Feuer. John hatte das Streichholz erfunden.

John beschloss seine Erfindung zu verkaufen und reich zu werden. Nun konnte jeder mit wenig Kleingeld Streichhölzer kaufen und Feuer machen!

Doch die Zündhölzer erwiesen sich als tödlich. Wenn die Luft warm und feucht war, gingen sie in Flammen auf. Oft steckten sie Hosentaschen in Brand oder entwickelten giftige Gase. Einige Kunden verbrannten sich mehr als nur die Finger.

Und die Menschen bezahlten einen noch schrecklicheren Preis. Das Phosphor vergiftete die Mädchen, die die Streichhölzer fertigten. Es gelangte durch schlechte Zähne in den Körper und löste eine schreckliche Knochenkrankheit aus.

Als das bekannt wurde, brachten Sozialreformer eine Kampagne auf den Weg um die Streichhölzer zu verbieten. Im Jahr 1888 streikten die Arbeiter. Doch die Leute benutzten die Streichhölzer weiter, bis sie 1912 verboten wurden.

Heutzutage verwenden wir „Sicherheitszündhölzer". Diese wurden schon in den vierziger Jahren des 18. Jahrhunderts entwickelt. Es sind zwei Ausgangsstoffe beteiligt: Kaliumchlorat auf dem Streichholzkopf und ein Stoff, der auf Phosphor basiert, an der Reibefläche. Da die Stoffe erst reagieren können, wenn man das Streichholz anzündet, sind sie ziemlich sicher. Doch die ersten Sicherheitszündhölzer waren noch nicht ganz ausgereift. Sie hatten die dumme Angewohnheit, ab und zu einfach in die Luft zu gehen.

Heute werden allein in Großbritannien 100.000.000.000 (hundert Milliarden) Streichhölzer pro Jahr verbraucht. Das Holz entspricht 70 000 Bäumen.

Das selbstzündende Steichholz

Hier ist eine großartige streichholzsparende (und baum-freundliche) Erfindung. Ein französischer Forscher stellte im neunzehnten Jahrhundert diese glockenförmige Schachtel her.

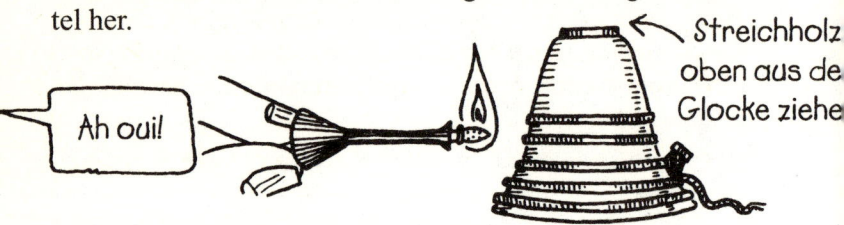

Ah oui!

Streichholz oben aus de Glocke ziehe

Wenn du ein Streichholz herausziehst, entzündet es ein Funken in der Schachtel. Steckst du das Streichholz wieder hinein, geht die Flamme aus. Brillant!

Kleiner Steckbrief der Explosionen

Name: Explosionen

Besondere Merkmale: Eine Explosion ist nur eine Art der Verbrennung.
1. Bei Sprengstoffen geringer Brisanz gibt es eine schnelle Verbrennung und viel Gas. Das Gas bricht hervor und führt die Explosion herbei.
2. Hochexplosive Sprengstoffe lösen aufgrund von chemischen Reaktionen schnellere Explosionen aus.

Grauenvolle Tatsachen:
Bei Explosionen gehen auch Menschen in die Luft. Allerdings stammen die meisten Verletzungen eher von umherfliegenden Trümmern als von der Explosion selbst!

BUMMMMM

Topstars der Chemie

Sir Humphry Davy (1778–1829). Nationalität: Brite
Der junge Humphry war ein begabter Knabe. Er brachte sich die Naturwissenschaften selbst bei. Fünf Jahre nachdem er sein erstes Chemiebuch gelesen hatte, war er Professor für Chemie an der Königlichen Akademie.
Im Jahr 1815 ging Sir Humphry nach Newcastle, um dem Problem der Explosionen in Kohlengruben auf den Grund zu gehen. Nachdem er Proben des Gases untersucht hatte, fand er heraus, dass die Explosionen von der starken Hitze der Kerzenflammen ausgelöst wurden. Also entwarf er eine Lampe:

Gaze nimmt die Hitze auf und verhindert, dass das Gas explodiert.

Dickes Glas hält die Flamme vom Gas fern.

Auf diese Weise wurde das Leben der Bergleute sicherer.
Doch die Soldaten lebten umso gefährlicher!

Eine geballte Ladung Schießpulver-Historie

1. Im siebten Jahrhundert beschrieb ein chinesischer Alchemist, wie man aus Schwefel, Salpeter und Holzkohle Schießpulver herstellen kann.

2. Salpeter kommt in verrottendem Schweinemist vor. Die ersten Schießpulverhersteller kochten die Schweinerei und ließen sie dann zu Salpeterkristallen abkühlen.

3. Wenn man an den Kristallen leckte, konnte man feststellen, ob sie unerwünschte Salze enthielten. Würg!

4. Sechs Jahrhunderte lang bewahrten die Chinesen ihr Geheimnis. Dann gelang es den Europäern irgendwie, die Rezeptur zu stehlen und die Kanone zu entwickeln.

Und Musketen, deren Kugeln Rüstungen durchschlugen …

Und Bomben, die man unter Stadtmauern anbrachte …

5. Die Kriege hatten sich verändert. Das Problem mit dem Schießpulver war, dass es die Schlachtfelder in dicken Pulverdampf hüllte. Deshalb konnte man nichts mehr sehen.

147

6. Heutzutage wird Schießpulver in Feuerwerkskörpern verwendet; mit einem ähnlichen Stoff lässt sich Dosenfleisch konservieren.

Schon gewusst?
Eine bestimmte Sorte Sprengstoff war das Ergebnis eines kleinen Küchenunfalls. Christian Schönbein (1799–1868) experimentierte in seiner Küche und vergoss ein Gemisch aus Salpeter- und Schwefelsäure. Schnell schnappte er sich eine Schürze seiner Frau um die Pfütze aufzuwischen. Weil er seine Frau nicht in explosive Stimmung bringen wollte, ließ er die Schürze trocknen. Sie trocknete … und explodierte! Schönbein hatte die Schießbaumwolle entdeckt – den ersten explosiven Kleiderstoff der Welt. Kaum zu glauben: Im Ersten Weltkrieg wurden mit der Schießbaumwolle Flugzeugflügel gestärkt.

Das kracht!
1. Der Knall des Silvesterkrachers wird von Knallquecksilber hervorgebracht. 1800 wurde sein Erfinder beim Versuch einer Demonstration während einer Vorlesung verletzt. Zum Glück ist in einem Silvesterkracher nur ganz wenig davon, sonst würde deine Party glatt auffliegen!

2. Ein anderer Sprengstoff ist TNT (Trinitrotoluol). Ein TNT-Molekül fabriziert eine Explosion, die tausendmal so groß ist wie es selbst. Eine kleine Erschütterung lässt es schon losgehen.

3. Kaum zu glauben, aber ein Kilogramm Butter speichert ebenso viel Energie in den Atombindungen wie die gleiche Menge TNT. Doch Butter schmeckt besser auf Brot und geht auch nicht in die Luft.

Der Mann, der eine Bombe baute

Das Dynamit wurde von dem schwedischen Erfinder Alfred Nobel entdeckt. Seine explosive Kraft verdankt es dem Nitroglyzerin, einem öligen Gemisch aus Glyzerin und den Säuren, die Schönbein verwendet hatte. Obgleich er einer der reichsten Männer der Erde wurde, war Alfred Nobel nicht gerade ein Komiker. Ihn quälte sein schlechtes Gewissen. So könnte sein Tagebuch ausgesehen haben.

1865

Liebes Tagebuch

Alles ist außer Kontrolle geraten. Sprengstoffe sind faszinierend, und ich hatte auch nie Angst vor ihnen ... doch heute habe ich erkannt, wie fürchterlich ... und tödlich sie sein können. In der Fabrik gab es eine Explosion.

All meine Arbeit wurde zerstört. Und das Schlimmste: Mein Bruder ist tot. Ja, das ist das wahre Gesicht der Sprengstoffe: Sie töten. Es ist entsetzlich. Und jetzt werde ich meinen Bruder nie wiedersehen, nie mehr mit ihm sprechen.

Ich werde nie wieder Sprengstoffe anrühren. Hätte Vater mich doch nur nicht auf die Idee gebracht mit seinen Unterwasserminen; dann hätte ich nie daran gedacht, mit diesem abscheulichen Nitroglyzerin zu experimentieren.

Nein, nein, das war's. Nie wieder
große Kracher, nicht mal einen kleine Knall
wird es mehr geben. Ich werde sie vergessen,
all die tollen Effekte, das Knallen, die Feuerwerke,
die sprühenden Funken ... Es ist einfach zu gefährlich.
Aber es ist doch faszinierend – vielleicht kann ich ja
nur ab und zu ein bisschen herumspielen. Ich könnte
versuchen, aus Sprengstoffen etwas Gutes zu entwickeln. Vielleicht kann ich einen erfinden, der nieman-
dem schadet. Ich könnte einen sicheren Sprengstoff
erfinden. Das ist es – das werde ich tun!

ᕼ1866ᕼ

Ich bin brillant! Ich hab's geschafft. Ich habe einen sicheren Sprengstoff entwickelt, der die Welt definitiv zum Besseren verändern wird. Sie werden ihn in Minen einsetzen und, na ja, eigentlich überall. Und das Tolle daran ist, dass er nicht in die Luft geht, wenn man ihn versehentlich fallen lässt. Er lässt sich so leicht her-stellen: Ich habe einfach dieses grauenhafte Nitroglyzerin mit Kieselgur vermischt (besteht aus den gemahlenen Schalen winziger

Meerestiere). Das war alles! Die Kieselgur absorbiert die Bestandteile des Nitroglyzerins. Dann zündet man die Sprengkapsel, und das Ganze geht in die Luft. Ich werde meine neueste Erfindung „Dynamit" nennen.

~1895~

ich

Katastrophe! Meine wunderbare, lebensrettende Erfindung ist auf fürchterliche Abwege geraten. Sie ist außer Kontrolle. Sie hat mich sehr reich gemacht, doch was nützt mir das Geld, wenn sie meine Erfindung für Kriegswaffen verwenden? Ich wünschte, ich hätte es nie entdeckt. Ich möchte, dass man mich wegen guter Dinge in Erinnerung behält, nicht wegen schlechter!

Doch auch wenn ich das nicht schaffe: dann vielleicht jemand anders. Ich werde mein Vermögen dafür einsetzen, einen wirklich besonderen Preis zu stiften. Er wird jedes Jahr vergeben werden und an Menschen verliehen, die wahrhaftig Großes leisten in den Naturwissenschaften, den Künsten ... und für den Frieden. Das wäre eine gute Tat, oder?

Doch können chemische Stoffe die Welt wirklich zum Guten verändern?

Chemisches Chaos?

Chemische Stoffe lösen Chaos aus – wenn wir nicht richtig mit ihnen umgehen oder wenn wir sie freisetzen, ohne zu wissen, was sie anrichten können. Brauen wir also eine chaotische Chemie-Katastrophe zusammen? Oder ist das nur das ganz normale Chaos?

Die schlechten Nachrichten machen immer zuerst Schlagzeilen.

TÖDLICHE TRAGÖDIE

11. Dezember 1979
In Mississauga, Ontario, Kanada, sprangen kurz vor Mitternacht 106 Eisenbahnwaggons aus den Geleisen.
Ein Waggon führte 90 Tonnen Chlor mit sich, 11 weitere waren mit leicht brennbarem Propangas gefüllt.
Zeugen berichten von chaotischen Szenen, gewaltige Brandherde gerieten außer Kontrolle. Ein Wagen explodierte sofort, ein anderer wurde 750 Meter weit wegkatapultiert. Eine Viertel Million Menschen mussten ihre Häuser verlassen, als tödliche Dunstschwaden aus dem mit Chlor gefüllten Waggon drangen. Feuerwehrleute arbeiten rund um die Uhr verzweifelt daran, das Leck abzudichten. Erste Versuche, die Region sicher zu machen, schlugen fehl. Währenddessen warten die evakuierten Menschen besorgt auf Nachricht, wann sie wieder in ihre Häuser zurückkehren können ....

152

Glücklicherweise hatte die erste Explosion das Chlor hoch in die Luft geschleudert; es trieb von den benachbarten Städten weg. Die Einwohner waren nicht in Gefahr, doch dauerte es Tage, bis die Experten bestätigen konnten, dass die Luft ungefährlich war. Andere hatten weniger Glück. In Bhopal in Indien wurden im Jahr 1984 zweitausend Menschen von einer Giftgaswolke getötet, die sich nach der Explosion in einer Chemiefabrik gebildet hatte. Und es gibt noch mehr schlechte Nachrichten ...

Das schwarze Gold
Rohöl entstand aus verrotteten Pflanzen und Tieren, die vor Millionen von Jahren unter der Erde zerquetscht wurden. Die Menschen setzen ihr Leben aufs Spiel um es zu bekommen. In stürmischen Ozeanen bohren sie Löcher in den Meeresgrund und sie wagen sich in unfruchtbare Wüstengebiete vor.

Und warum? Weil Öl furchtbar nützlich ist. Man kann daraus Benzin für Autos herstellen, Teer für die Straßen und Rohmaterialien für Kunststoffe. Das Problem ist – wie viele andere chemische Stoffe richtet Öl ein Chaos an, wenn die Menschen die Kontrolle darüber verlieren. Ausgelaufenes Öl vernichtet Tierc und Pflanzen, verwandelt goldene Strände in schmierige schwarze Wüsten. Auch Autoabgase bereiten Probleme.

Was hältst du von so einem Fortschritt?
Um 1900 …
… Smog – eine Mischung aus Kohleabgasen und Nebel –
verpestete die Luft in den Städten. In den Fünfzigerjahren
wurde in Großbritannien die Kohlenfeuerung verboten.

Die Neunzigerjahre …
Smog aus Autoabgasen verpestet die Luft in den Städten.
Was denkst du, was man dagegen tun sollte?

Die gute Nachricht
Obgleich die Chemie bisweilen ein schreckliches Chaos anrichtet, gehören Chemiker zu den kreativsten Köpfen überhaupt. Gegen die Geistesblitze der Chemiker sind die wildesten Träume der meisten Menschen recht zahm. Stell dir nur ein Raumschiff aus einem Material vor, das Temperaturen von 10 000 °C aushält ohne zu schmelzen.

Wenn du jetzt fragst: „Was werden sich diese Science-fiction-Märchenerzähler noch alles ausdenken?", dann lass dir gesagt sein, dass es diesen Stoff bereits gibt. Er wurde 1993 erfunden. Und hier sind noch ein paar Erfindungen, die beinahe zu gut sind um wahr zu sein.

Fantastische Fakten
Das haben die Chemiker erfunden:
1. Eine Supersäure namens Fluorantimonsäure (Flu-or-an-ti-mon), die 20.000.000.000.000.000.000.000 (zwanzig Trilliarden Mal) so gut auflöst wie die stärkste konzentrierte Schwefelsäure. Finger weg davon!
2. Einen Schwamm, der 1974 entwickelt wurde und das 1300fache seines Eigengewichtes an Flüssigkeit aufnehmen kann.

3. Eine neue Art Würfelzucker, der 650mal süßer ist als gewöhnlicher Zucker. Er wird Talin genannt und aus Samen der westafrikanischen Katemfepflanze gewonnen.

Zu süß, meine Liebe?

4. Kristalle namens Zeoliten, die wie winzige Siebe geformt sind und einzelne Atome aus einem Stoff heraustrennen können. Es handelt sich dabei um eine Verbindung aus Aluminium, Silikon, Wasser und Metallen.

Und es gibt noch mehr Gutes zu berichten …
Die Chemiker nutzen nämlich ihr chemikalisches Wissen, um gegen die Umweltverschmutzung anzugehen.
1. Viele Autos der Welt besitzen bereits einen Katalysator. Das Metallteil in Form einer Bienenwabe ist mit Platin beschichtet. Das fängt die scheußlichen Stoffe, die der Automotor ausstößt, ab und bricht sie in harmlose Stoffe wie Wasser auf.
2. Gewöhnliches Benzin enthält Blei – es soll verhindern, dass der Motor klopft. Unglücklicherweise raubt dir das Blei in Autoabgasen glatt den Atem. Vergiss nicht: Blei ist giftig! Daher haben die Chemiker ein bleifreies Benzin entwickelt, das man mit dem Katalysator verwenden kann.
3. Jahr für Jahr werfen die Menschen tausende Tonnen Plastik auf die Müllhalden. Welch eine Verschwendung! Doch vor ein paar Jahren öffnete die erste Fabrik ihre Pforten, die den Kunststoff in Öl zurückverwandelt, aus dem er ursprünglich gemacht wurde. Man kann jetzt also alte Kunststoffe zu neuen Kunststoffen verarbeiten.

4. Du erinnerst dich an das Loch in der Ozonschicht, an dem die Chlorgase (FCKW) schuld sind? Man brauchte sie als Treibmittel für Sprühdosen. Mittlerweile wurden sie bei uns verboten; die Chemiker haben stattdessen sicherere Gase entwickelt. Jetzt kannst du dich mit Deodorant einnebeln ohne die Umwelt zu verpesten.

Die chaotische Wahrheit

Nicht die chemischen Stoffe sorgen für Chaos, sondern die Menschen. Wir machen die chemischen Stoffe. Wir lagern sie, wir verwenden sie – und wir sind letztlich dafür verantwortlich, was sie anrichten.

Wir können Gutes mit ihnen tun oder Chaos und Zerstörung auslösen. Folgendes hatte ein Chemiker dazu zu sagen. Pierre Curie (1859–1906) und seine Frau Marie (1867–1934) entdeckten das Radium. Pierre sagte:

Wir wissen nicht, was die Zukunft uns bringt. Außer, dass aus dem Chaos der Chemie weitere unglaubliche, noch verblüffendere Entdeckungen entstehen werden. Und die Zukunft wird fantastisch und hoffentlich viel versprechend sein. Und das ist die chaotische Wahrheit!